*Je fais partie de la troupe misérable
de ceux qui ont le sommeil pour refuge,
le songe pour allégresse.*

—Roger Caillois

Rinaldo Caddeo

RINALDO CADDEO
Siren's Song:
Selected Poetry and Prose
1989-2009

Translated by
Adria Bernardi *Adri Bemb*

Illustrations by
Salvatore Carbone

Siren's Song

For Rebecca –
With my very best wishes. Thanks, again.
Adria
October 16, 2009

 ChelseaEditions

Series: Contemporary Italian Poets in Translation, 5

Chelsea Editions, a Press of Chelsea Associates, Inc., a not-for-profit corporation under section 501(c)(3) of the United States Internal Revenue Code, has the support of the Sonia Raiziss Giop Charitable Foundation.

Cover illustration and inside drawings: Salvatore Carbone
Covers & book design: John Stahle Graphic Design (johnstahlegraphicdesign.com)

Library of Congress cataloging-in-publication data:

Rinaldo Caddeo, 1952
Siren's Song: Selected Poetry and Prose 1989-2009
Rinaldo Caddeo, translated by Adria Bernardi
p. 283

ISBN–13   978-0-9823849-1-6
ISBN–10   0-9823849-1-2
1. Caddeo, Rinaldo—Translation into English
2. Bernardi, Adria, 1957   II. Title

Manufactured in the United States of America by Thomson-Shore, Inc.
First Edition 2009

Chelsea Editions
Box 125, Cooper Station
New York, NY 10276-0125

www.ChelseaEditionsBooks.org

 ChelseaEditions

CONTENTS

CONTENTS

CONTENTS

CONTENTS

Gatto nero

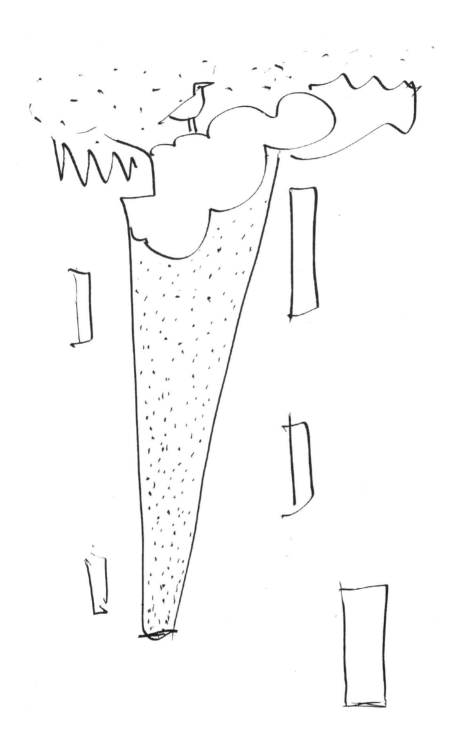

Gabinetto

La strada di casa

Aspirina effervescente

da
LA LINGUA DEL CAMALEONTE

from
THE CHAMELEON'S TONGUE

SIRENA

« L'ho vista in un lampo: spalle ampie, braccia sottili, seni
rotondi, una lunga chioma, occhi blu. Una coda scagliosa di
pesce, al posto delle gambe.

Il mio lavoro è l'attacchino. Attacco pubblicità ai cartelli
stradali. Sono sempre all'aperto, in mezzo a secchi di colla,
spazzoloni, rulli e sono abituato a vederne di tutti i colori, ma
quello che sto per dirvi non è una reclame.

L'ho trovata sul lato destro della strada, sdraiata, forse
investita da una macchina o da un camion. Mi sono fermato,
sono sceso di corsa dal furgone. Respirava ancora, sorrideva
debolmente.

Era bellissima.

Quando mi sono avvicinato a lei, ha incominciato a
dibattersi deformandosi e a ritrarsi. Poi si è alzata una nuvola
di vapore dalla sua bocca e un forte odore di mare. In quella
nuvoletta ho sentito un rumore confuso, con dentro la risacca
grida di gabbiani canti, che si perdevano in lontananza e una
preghiera, con un messaggio per me. Com'era strana, com'era
bella! Le sue scaglie erano rosate, morbide. Insomma proprio
una sirena in carne e ossa.

Com'è capitata in mezzo a una strada, nella pianura
padana? Chissà che percorso aveva seguito. Mi sono voltato,
per capire. Probabilmente dal canale scolmatore, lì vicino, che
prende le acque del Ticino. Dopo i temporali, l'inondazione ha
rovesciato sulla strada fanghiglia, alghe, rottami, rane morte,
pesci.

Mi guardo intorno per cercare soccorso. Cerco di fermare
qualche automobilista. Nessuno si ferma. Ma dov'è, ora? Era
qui.

Non c'è più.

Sparita. Perché mi sono girato? Adesso l'ho perduta.

SIREN

"I saw her in a flash: broad shoulders, thin arms, flowing locks, blue eyes. A fishtail with scales in the place of legs.

I'm a sign hanger. I hang ads on billboards. Always outdoors, surrounded by pails of glue, scrubbing brushes, rollers, and I'm used to seeing all different colors, but what I'm telling you is no advertisement.

I found her on the right side of the road, lying there, maybe hit by a car or a truck. I stopped, I hurried out of the van. She was still breathing, she smiled weakly.

When I approached her, she started to thrash and constrict. Then a cloud of vapor rose out of her mouth and with it a strong odor of the sea. I heard a muddled sound in that little cloud, inside it there were the undertow cry of seagulls' calls, that faded and a prayer, with a message. How strange she was, how beautiful! Her scales were rose-colored and pinkish. She was, how can I say this, truly, a siren, flesh and bones.

How did she end up in the middle of the road, in this flat stretch of the Padana plain? Who knows what journey had taken place. I went over and over it trying to understand how it could have happened. Probably from the nearby canal, which takes in overflow from the Ticino. Then after storms and floods, the washed-up mud, algae, junk, dead frogs, fish, spread out all over the roadways.

I looked around to look for help. I tried to flag down a driver. No one stopped. Where did she go? She was right here.

She's not here anymore.

She's gone. All because I looked away. Now I've lost her.

Cerco intorno… Eppure c'era, sono sicurissimo, non è stata un'allucinazione, non ho mai sofferto di allucinazioni in vita mia. Era qui. Niente, solo sassi, una bottiglia, lattine, polvere e gramigna. Dove sei andata? Ecco, lì, c'è uno strano sacchetto. Lo tocco, lo sollevo, mi scivola tra le dita, lo annuso: è umido, scivoloso, profuma di pesce e salsedine. Ci sono delle strane striature: sangue?

Ecco quello che resta: un sacco di gelatina. Non dico niente a nessuno… mi prenderebbero per matto. Raccolgo il sacco. Lo porterò a fare le analisi chimiche, ma non mi aspetto nulla di positivo. Che cosa me ne importa di una formula chimica in cui non capisco niente e che riduce tutto a numeri e a elementi che per forza devono essere sempre quelli e non altri?

Io so che dopo quell'incontro la mia vita non è più la stessa. Sono inquieto, irritabile, io non mi sento più io. Che cosa voleva dirmi in quell'istante in cui l'ho vista e mi ha sorriso? La sogno tutte le notti e la cerco tutto il giorno. Quante volte sono ritornato lì, in quel luogo e non l'ho più ritrovata. Non dico niente a nessuno, sento la sua voce soave, il suo profumo di mare. Vedo le sue forme, il blu dei suoi occhi. Mi prenderebbero per pazzo e mia moglie, oltre tutto, sarebbe gelosa. La cerco dovunque e cerco di ricordare quello che voleva dirmi. Perché sono sicuro che voleva dirmi qualcosa, ma non so che cosa. È stato tutto così rapido, improvviso. Non ero pronto. Ora la mia vita è vuota e mi manca ciò che non trovo, qualcosa di essenziale: lei!»

I search all around. . . And truly, she was there. I am absolutely sure of this. She was not a hallucination. I have never suffered from hallucinations in my life. She was here. Nothing. Just stones, a bottle, cans, dust and weeds. Where did you go? There. Over there. There's a strange bag. I touch it. I pick it up. I rub it between my fingers. I sniff it: it's humid, slippery, a perfume of fish and salt.

This is all that's left: a sack of gelatin. I'm not saying a word about this to anyone. They'd think I was insane. I pick up the sack. I'll take it to have a chemical analysis done. But I don't expect anything positive to come out of it. What good is a chemical formula that won't explain anything and which reduces everything to numbers and elements and, which, on top of everything else, are, and must be, only be that and nothing else?

I know that after that encounter my life is not the same. I'm anxious. Irritable. I don't feel like myself anymore. What did she want to say to me in that moment in which I saw her and when she smiled at me? I dream of her every night and I look for her every day. How many times I have gone back there, to that place, and don't find her? I don't say anything about this to anyone. I hear her delicate voice, her perfume of the sea. I see her form, the blue of her eyes. All of this will make me go crazy, and my wife, when all is said and done, would be jealous. I search for her everywhere and I search to remember what she wanted to tell me. Because I'm sure that she wanted to tell me something, but I don't know what. It was so quick, so unexpected. I wasn't ready. Now my life is empty and I'm missing what I don't find, what's essential: her."

GATTO NERO

Continuo a smarrire. Perdo almeno una cosa al giorno, anche di più. Ieri l'altro ho perso un golf. Il mio golf rosso, puf, sparito nel nulla. Tutto perché ci continuo a pensare. L'ho cercato per ore. Niente da fare. Continuo a pensare a quel gatto nero. Ieri ho perso le chiavi di casa, forse per strada. Meno male che ne ho un'altra copia. Sono tornato sui miei passi, niente da fare. Non riesco a levarmelo dalla testa. E così ho smarrito penne, ombrelli, guanti, giacche, portafogli... Tutto è cominciato quella volta: un gatto nero mi ha attraversato la strada. Ero in campagna, su di una strada sterrata lungo un fosso. Era l'inizio della sera. Ho rischiato di uscire fuori strada, di capottarmi. C'era ancora poco buio. In un secondo è apparso, in un secondo è scomparso. E' guizzato come lo schizzo impazzito di un'onda invisibile, scivolando silenzioso, furtivo e oscuro sul bianco della polvere secca, senza lasciare traccia.

BLACK CAT

I continue to misplace stuff. Lose at least one thing a day, even more. The day before yesterday I lost a pullover. My red pullover, poof, vanished into nothing. All because I'm still thinking about it. I searched hours. No go. I keep thinking about that black cat. Yesterday I lost the house keys, maybe on the street. Good thing I have another set. I retraced my steps. No go. I cannot get it out of my head. This is the same way I misplaced pens, umbrellas, jackets, wallets. . . It all started up with one incident: a black cat crossed in front of me. I was in the country, walking on a dirt road that ran alongside a ditch. It was twilight. I tried to get out of its path, to go back the other direction. It wasn't that dark yet. One second it was there, the next second it was gone. It darted, like the frenetic splash of an invisible wave that then silently folds over, hidden, secretive, leaving no trace whatsoever on dry, white sand.

DISCO VOLANTE

Conversiamo su delle sedie di paglia nel cortile di una vecchia cascina.

Nessuno dà importanza a quello che si presenta all' orizzonte: sale a zig-zag verso l' alto, lontano.
All' improvviso scende. Un mulinello solleva della polvere. Un bicchiere scivolando sul tavolo va in frantumi per terra. Una frustata colpisce la cima degli alberi e provoca miriadi di scintille.

Rabbrividisco ma gli altri sorridono o sbadigliano facendosi l' occhiolino e parlano d' altro.
Io, che non voglio essere da meno e sentirmi diverso da loro, mi metto a raccontare una lunga storia: «Una volta da noi apparve uno sconosciuto...». Mi guardo le unghie per non distrarmi: «c'è chi dice di avergli visto il piede di un piccione o lo zoccolo di un capro».

Soltanto alla fine del racconto («Dopo l'incendio di lui non si è saputo più niente») alzo la testa: non c' è più nessuno. Tutti spariti!

FLYING SAUCER

We're in the middle of a conversation, sitting on caned chairs
in the yard of an old farmhouse.

Nobody thinks anything of what shows up on the horizon:
it's rising in a zigzag pattern toward the sky, far off. All of a
sudden, it drops. A whirlwind raising dust. A glass sliding on
the table ends up shattered on the ground. A blast hits the tops
of the trees setting off a multitude of glints.

It gave me the shivers but the others smiled and yawned,
giving each other winks and they talked about something else.
I, who did not want to be considered inferior or feel set apart
from the others, started to tell a long story: "Once there ap-
peared a stranger among us. . ." So as not to not go off course,
I focused on my fingernails: "there are those who claim to have
seen the foot of a pigeon and the hoof of a goat."

Only when I got to the end of the story ("After the fire,
nothing more was known of him") did I raise my head: there
was no one remaining. They'd all disappeared.

LA SALAMANDRA

L'ho ritrovata in una vecchia stufa di ghisa in cantina, coperta di polvere e detriti, mezza morta ma ancora viva.

È lunga un metro. Ha una pelle scagliosa e nera, con una striscia bianca in mezzo, morbida da accarezzare, trapuntata di stelle blu, sulla schiena, dalla testa alla coda.

Non respira, o respira così lentamente che non si vede, non mangia, non beve o beve e mangia poco, qualche insetto che le gira di torno. Non urina, non defeca o lascia minime tracce come bava di lumaca. È un animale miracoloso? Esemplare imperfettamente mineralizzato di una specie estinta o una specie di minerale animato, l'ultimo (l'unico?) discendente di un'evoluzione diretta dal regno minerale a quello animale, saltando quello vegetale, o di un'involuzione dall'animale al minerale... non sono in grado di dare una risposta e non mi interessa trovarla. Non ho nessuna intenzione di farlo vedere a nessuno e se scrivo ciò che scrivo lo scrivo a mio uso e consumo, chiaro?

Animale primordiale, alchemico, creatura di Dio o del Demonio, ecc., le catalogazioni non mi riguardano. Con lui (cioè lei) ho instaurato un tipo di rapporto completamente diverso e la mia vita è cambiata, nel buio c'è una luce e non mi sento più solo come un cane.

All'inizio, lei, stava tutto il giorno sul calorifero acceso. La notte veniva e viene ancora sul mio stomaco. Le prime volte la spostavo di lì, ora non ne posso più fare a meno. Le carezzo la striscia morbida della schiena, la sento pulsare, vedo le stelle e mi addormento. Non ho più bisogno di sonniferi e faccio sogni dorati.

THE SALAMANDER

I found it again it in an old cast iron stove in the cellar, covered with dust and detritus, half dead. But still alive.

It's a meter long. Its skin scaly and black, with a white stripe down the middle, soft to the touch, dotted with blue stars, covering its back, from its head all the way to down its tail. It's not breathing, or it breathes so slowly that you can't see it; it doesn't eat, doesn't drink, or drinks and eats little, an insect or two that happens to come near it. It doesn't urinate, doesn't defecate or leaves the minimum traces like a snail's slime. Is it a supernatural creature? Imperfectly mineralized specimen of an extinct species or some kind of animated mineral, the last (the only?) descendant of a direct evolution from the mineral kingdom to the animal kingdom, having jumped right over the vegetable kingdom, or is it an involution from the animal to the mineral? I am not in a position to give an answer and I'm not interested in finding one. I have no intention of showing him to anyone and if I write what I'm writing I'm writing for my own use and my own consumption, is that clear?

Primordial animal, alchemic animal, creature of the god or demon, etc., the cataloguing, does not concern me. With it (that is to say, her) I've established a kind of rapport completely different and my life has been changed. In the dark, there is a light. And I no longer feel alone like dog.

At the beginning, she spent all day in the ignited furnace. Night arrived and she climbed again onto my stomach. The first time I moved her off from there, now I can't even do that. I caress that smooth stripe on her back, I feel it beating, I see the stars, and I fall asleep. I no longer need sleeping pills and I sleep golden slumbers.

Una mattina la trovai nella cenere del camino e finalmente compresi di che cosa aveva bisogno ma non potevo prevedere quello che sarebbe accaduto. Altre volte si era messa davanti al camino, ma io non capivo.

Erano anni che non accendevo il fuoco. Ho dovuto far venire lo spazzacamino a pulire la cappa intasata. Lei è rimasta tutto il tempo fissa a guardare con i suoi occhi di giada. Lo spazzacamino mi ha chiesto: «è viva?», «sembra, è vero?» gli ho risposto «ma non lo è». Gli spiegai che era un'iguana imbalsamata con un procedimento speciale che la fa, quasi, sembrare viva, con una vernice al silicone, microchip incorporati e occhi fosforescenti a cristalli liquidi mobili. Lo spazzacamino, niente affatto convinto dalla mia spiegazione, continuava a guardarla con sospetto, poi esclamò: «ma si muove, signore, si muove. Ha spostato la coda!», «ah non si preoccupi, sono solo movimenti peristaltici involontari, moti apparenti, come quelli delle anguille tagliate e messe in padella». Lo spazzacamino però non la piantava di fare domande, era sempre più insistente e, attirato dal *suo* sguardo, non se ne voleva andare. Ci volle una buona mancia per mettere a tacere le sue obiezioni, soprattutto dopo che si accorse che la *bestia* si era avvicinata da sola al camino. Finalmente anche lo spazzacamino finì il suo lavoro e si levò dai piedi.

Appena acceso il fuoco con due ceppi d'ulivo, lei, s'è infilata rapidissima tra le fiamme.

One morning I found her in the ashes of the fireplace and finally I understood what she needed, but I couldn't have predicted what would have happened. Other times, she had gone and sat in front of the fireplace. But I hadn't understood.

It had been years since I'd lit a fire. I had to hire a chimney-sweep to clean the chimney, which was blocked. The whole time she stayed there closely watching with those jade eyes. The chimney-sweep asked me: "is it alive?" "seems real, doesn't it?" I answered him, "but it isn't." I explained to him that she was an iguana that had been preserved by a taxidermist, created by a special procedure that made it seem almost life-like, using a silicon varnish, an implanted microchip, and phosphorescent eyes which are made with a variety of liquid, moving crystals. The chimney-sweep, unconvinced by my explanation, continued to eye her suspiciously, then he blurted out: "but it moves, sir, it's moving. The tail moved!" "oh, don't give it a second thought, it's only involuntary peristaltic movement, it only seems like motor movement, like when eels are cut and thrown into the pot." The chimney-sweep, however, wouldn't give up and kept asking questions, even more insistently, sticking to *his* opinion, a position from which he would not budge. It took a good tip to convince him, especially after it just so happened that *the beast* walked up to him on her own power at the fireplace. Finally, even the chimney-sweep finished up with all of his activities. Then he split.

Once the fire's ignited (with two logs from an olive tree) she quickly slides in among the flames.

She expands, monstrously, within the fire. She explodes

Nel fuoco lei si dilata mostruosamente, esplode in bagliori di zolfo diventa un'ametista, sparisce nel fumo, riappare più luminosa di prima, uno sguardo di diamante che taglia il vetro dei miei occhiali, entra dentro il mio cervello, prende possesso della mia volontà. Cado in un torpore in cui mi si annebbia la vista e mi vedo rotolare a precipizio nelle ere geologiche, giù giù, attraverso dirupi, ghiacciai, laghi di fuoco, colate di lava, deserti, meteoriti, nebulose, stelle. Le orecchie mi si riempiono di un fischio che penetra da tutti i lati, entra in tutti i punti del corpo e culmina in uno schianto.

Poi le fiammate si spengono. Rimane un chiarore di luna dentro di me. Lei è un corpo nero che si confonde con la legna carbonizzata da cui escono due tizzoni accesi, gli occhi di lei puntati su di me, uno sguardo vacuo, minerale, lo sguardo pietrificato di un idolo maya.

Uno sguardo sotto cui devo decidere di fare qualcosa, qualunque cosa, subito, anche quello che non vorrei fare e che non avrei mai pensato di fare. Io sono lei, lei è me.

Quei due lampioni accesi nel mio cranio, una volontà che mi governa e mi spinge fuori per la notte, nelle vie della città, ho dentro di me la *sua* forza, un'energia smisurata che sono pronto a scatenare su chiunque si metta sulla mia strada. Non me ne importa più niente di nessuno, non ho più paura di niente e di nessuno. Preferisco, però, le bestiole o le persone isolate, meglio se bambine, (rare da scovare a quell'ora), però si trovano qua e là. Fornisco loro un trattamento completo, sugli ascensori, negli angoli bui delle piazze, sotto i portici delle strade, quando ormai non c'è più traffico. Urla e rumori indesiderati li soffoco rapidamente. La vittima è offerta. Il

into sulfur sparks, turning into an amethyst, then she vanishes inside the smoke, reappearing, more radiant than before, with the look of diamond that cuts the lens of my glasses, and enters into my brain, taking possession of my willpower with the diabolical forms of the marvelous woman. I fall into a torpor. My vision is clouded. I see myself rolling towards a precipice during what are different geologic eras, down, down. Down precipices, glaciers, lakes on fire, lava flows, deserts, meteorites, nebulae, stars. My ears fill my body with a whistle. The whistle penetrates through to every edge. The whistle enters every point of the body. It culminates in a crack.

Then the flames go out. A glimmer of moonlight remains lit inside me. She is a black body mixed in with the charred wood. Two glowing embers falling off her. Her eyes fix upon me, an empty stare, the petrified look of a Mayan idol. A look, a gaze, such that I must decide to do something, whatever it may be, immediately, something I don't want to do, something that would never have occurred to me to do before. I am her; she is me.

These two lanterns lit inside my brain: one a will that controlled me and pushed me out towards the night, into the city streets, and one inside of myself, *her* strength, a unquantifiable energy that I'm ready to let loose on whoever comes into my path. I don't give a rat's ass about anything, I'm not afraid of anyone. I prefer, however, the little animals, isolated individuals, better yet, children (rare to unearth any at this hour), however, you find them here and there. I offer them the royal treatment, on elevators, in the dark corners of the piazzas, under the arcades of the streets, when there's no more traffic around. I muffle screams and undesired noise post-haste. The victim is offered. The sacrifice is consummated and I can return and engage in routine life, until the next one. What the

sacrificio è consumato e io posso ritornare a fare la solita vita, fino alla prossima. Quello che scrivono i giornali, quello che mostrano e che dicono ai telegiornali, non mi interessa. Facciano pure il loro lavoro, io faccio il mio. Ricevo anche telefonate minatorie o di scherno (del tipo: «come sta l'iguanodonte impagliato che muove la coda?»), probabilmente dello spazzacamino o di qualcuno ispirato da lui che pensa magari di farmi paura o di ricattarmi. Ma io non ci casco. A volte ci sono delle voci femminili. Ma io me ne frego. Vado avanti per la mia strada. Finalmente mi sento un uomo libero.

newspapers are writing, what the TV news-talk shows are showing and saying, does not interest me. They do their job, I do mine. I even get harassing and prank phone calls (of this variety: "how's that stuffed iguana, the one that wags its tail?") probably from the chimney-sweep or from someone he put up to it who thinks he can give me a scare or maybe even blackmail me. But I don't fall for it. Sometimes it's a woman's voice. But what the hell difference does it matter to me. I'm marching to my own drummer. Finally, I feel myself a free man.

IL FURETTO

Da quando l'ho salvato dai cani da caccia, mi rimane sempre sotto l'ascella sinistra, dove ha scavato la sua tana.

Perché mi sono impietosito? Pioveva. Ero stato sorpreso dal temporale vicino al fiume. Mi s'è infilato tra le braccia e i cani li ho dovuti scacciare a calci, più per salvare me che lui.

Solo quando siamo stati a casa è uscito di lì.

A casa s'è ambientato bene. Salta qua e là sugli armadi, fa cadere libri, quadri, bicchieri. Io lo inseguo inutilmente. È imprendibile. Si nasconde sotto i mobili, balza su lampadari, scaffali e mi fissa dall'alto con occhi appuntiti come aghi di spillo roventi.

Gli devo portare cavie vive, rane, lucertole, per nutrirlo e ricrearlo, altrimenti muore di noia, sbadiglia, morde, raspa, strappa.

La notte s'introduce sotto l'ascella sinistra e non vuole sapere di andarsene di lì ma non sta mai fermo e a furia di spingere, raspare, rosicchiare è penetrato in me. Sogno spesso caverne, gallerie, cespugli, inseguimenti in mezzo a boscaglie, fughe, cacce, in cui posso essere predatore o preda. Odori di terra umida, sapori di neve e selvaggina.

THE FERRET

Ever since I saved it from the hounds, it's stayed the whole time underneath my left armpit, where it's nestled into its lair.

Why was I moved to pity?

It was raining. I'd been caught off guard by the storm close to the river. It wound its way into my arms and I needed to kick the hounds away, more to save myself than to save it.

It was only when we got back home that he climbed out from that spot.

It made itself quite at home. It jumps from one place to another, from the tops of the wardrobes, knocking over books, pictures, glasses. I, ineffectively, chase after it. It is impulsive. It hides itself under furniture, leaps up to the light fixtures, book-shelves, and stares down at me with eyes like darts that look like the snapped-off needles of straight pins.

I have to bring it live guinea pigs, frogs, lizards, to feed and to keep it entertained, otherwise, dying of boredom, it yawns, bites, scratches and rips.

At night it managed to work its way underneath my left armpit and could not be budged from there, but it would not sit still, and in a frenzy of pushing, scratching, nibbling, it penetrated into me. I often dream about caverns, tunnels, bushes, of being chased in the woods, flights, being hunted down, dreams in which I can be either predator or prey. Smells of damp earth, tastes of snow and wild game.

S'è scavato una buca, sempre più profonda, nel mio petto. Ha piegato, poco a poco, due costole, come il prigioniero le sbarre per fuggire, ma lui è entrato, s'è aperto un varco verso l'interno di me, tra il cuore e un polmone. Si è incuneato nel mio corpo. Scava cunicoli, corridoi, stradine, piazzette. Ha raggiunto lo stomaco e ogni notte che passa si avvicina alla vita. Il suo pelame morbido attenua la sofferenza della piaga aperta nella carne con gli unghioli e i dentini. È un fastidio crescente più che un dolore. Un prurito interno che lui mi gratta con le sue giravolte. Ogni volta che s'infila, allarga la sua tana nel mio corpo, un pezzetto dopo l'altro. Quelle contorsioni mi fanno soffrire e godere. Ma così non può andare avanti. La piaga s'è infettata e sempre più spesso ho sbocchi di sangue misto a pus. Non riesco a mandarlo via. Fa parte di me, non ne posso più... fare a meno.

It dug out an even deeper hole in my chest. Little by little he bent two ribs, like a prisoner pries open bars in order to escape, but he did it in order to enter, it made an opening to locations more internal to me, between the heart and the lungs. It wedged its way into my body. It dug out burrows, corridors, little backstreets, miniature piazzas. He reached the stomach and each night he gets that much closer to the life source. His soft fur eases the pain of the open sores in the flesh made with its claws and little teeth. Each time that it winds its way through, it enlarges its lair in my body, a little bit at a time. These contortions cause me to suffer and give me pleasure. But I can't go on like this anymore. The sore is infected and more often than not blood spurts up with the pus. I just can't get him to leave. He's part of me, I can't take it anymore. . . I can't help it.

GABINETTO

Sono un pensionato.

Ormai è quattro mesi che vivo al gabinetto, da quando ho visto che non c'è nessuna differenza tra un paese e un altro paese, tra una città e un'altra città, tra il dentro e il fuori.

Non manca da mangiare e da bere, se non voglio bere l'acqua corrente del rubinetto e mangiare solo il pane o i dolci che il panettiere mi mette nel cesto in fondo alla corda, me li prepara la serva (passo dei bigliettini sotto la porta con le ordinazioni).

All' inizio mi ero fatto portare i giornali e la radio, ma dopo qualche settimana li ho restituiti: erano un inutile ingombro. Mi bastano questi quattro muri, la loro quiete dove tutto quello che capita fuori arriva attutito o non arriva per niente. Non sono un prigioniero, anzi, non mi sono mai sentito così libero in vita mia.

Finalmente posso dedicarmi a ciò che ho sempre trascurato nella mia vita precedente, per esempio l' evacuazione. Ne seguo analiticamente i tempi e i modi. Scruto a lungo le feci e traggo auspici sempre più nefasti per l' umanità.

Dormo nella vasca e rifletto sui sogni che faccio. Sono io stesso la stanza in cui vivo ma con le forme e le dimensioni più diverse. Il water è una capocchia di spillo, l' ingresso di una caverna o un pozzo senza fondo. La vasca un ruscello, un laghetto di montagna o la riva di un mare che si estende tranquillo fino all' orizzonte. Mi tuffo in questo mare e faccio qualche bracciata, senza stancarmi.

BATHROOM

I'm retired.

For four months now I've been living in the bathroom, ever since I realized that there's no difference between one country and another, between one city and another, between inside and outside.

I've got enough to eat and drink, if not I can just drink from the faucet and eat just bread or sweets that the baker leaves for me in a basket tied to the end of a rope. The maid fixes it up for me (I slip a few bills under the door for each order.)

At first, I had the newspaper brought to me, and the radio, but after a few weeks I sent it all away: it was all so much useless clutter. All I need are these four walls, their quietude, where everything that happens out there arrives cushioned, or else it just doesn't get here at all. I'm not a prisoner, not in the least. I have never felt so free in my entire life.

Finally, I can dedicate myself to what I have always neglected during my lifetime, for example, voiding. I analytically monitor the times and the modes. I scrutinize at length the feces, and I interpret portents even more ominous for mankind.

I sleep in the bathtub and contemplate my dreams. I am the room itself in which I live, except with forms and dimensions are more varied: The toilet is a head of a pin, the opening to a cave, or a bottomless well. The tub is a brook, a little mountain lake, or a seashore that extends serenely as far as the horizon line. I plunge into this sea and take a few strokes, without tiring.

Non devo rispondere a nessuna domanda e non ho nessuna domanda da fare a nessuno. Nessuno mi può interrompere o pretendere qualcosa da me e io non pretendo qualcosa da qualcuno.

Sempre più di rado apro la finestra e guardo fuori: il cortile di cemento con un giardinetto, un albero, un'aiola stentata, un bambino che gioca, una macchina che esce dai box, un vaso di gerani, un tizio che fuma sul balcone, una sempronia che sbadiglia al davanzale, la luce bluastra di un televisore acceso, lenzuoli appesi, musiche, canzoni lontane, un refolo di vapore, odori di minestra... e subito richiudo.

I don't have to answer any questions and I have no questions to ask of anyone. No one can interrupt me or claim something from me and I make no claims on anybody for anything.

With less frequency I open the window and look outside: the cement courtyard with a small garden, one tree, a scraggly flowerbed, a boy who's playing, a car sticking out of a garage, one vase of geraniums, a guy who's smoking on the balcony, another mrs. robinson yawning at the windowsill, the ice-blue light of tvs tuned in, laundry hanging, music, dogs snouts, songs coming from a distance, a breeze of moist air, the vapors of soup. . . instantly I close up.

MIRACOLO

Seguo attentamente i miei sintomi.
Vado spesso dal medico.
Faccio analisi test.
Annoto i sogni.
Ma non li interpreto. Non voglio prevedere prevenire o curare.
    Non ho paura.
Anzi... mi sento respirare mi vedo camminare mi ascolto
    parlare ridere pensare...
Suicidarmi?
Perché?
Sono già morto.
Un albero secco che ogni primavera butta germogli cresce
    foglie fiori frutti.
Non è forse... un miracolo?

MIRACLE

I monitor my symptoms closely.

I go to the doctor often.

I have tests done.

I keep track of my dreams.

But I don't interpret them. I don't want to predict the future or heal. I'm not afraid.

On the contrary. . . I feel myself breathing I see myself walking I hear myself talking laughing thinking. . .

Kill myself?

Why?

I'm already dead.

A dead tree that every spring puts out buds spouts leaves flowers fruit.

Isn't that maybe, a miracle?

TRAM

Quando mi addormentavo, dopo una giornata di noia e di fatica, un tram veniva a fare capolinea nel cortile.

Una notte scesi le scale e salii su quel tram.

All'inizio era un tram normale, che si fermava alle fermate da cui scendeva o saliva qualche raro passeggere della notte. Quando fece capolinea in una piazzetta scesero tutti, anche il conducente. Fui l'unico a rimanere su, nessuno mi disse niente. Stavo per scendere anch'io, avevo un piede sul predellino quando il tram partì bruscamente.

Il tram era velocissimo, saltava tutte le fermate, specialmente in curva sembrava volesse uscire dalle rotaie.

Le rotaie erano sempre più sottili, filiformi, finché non sparirono, ma il tram non deragliò. Finalmente libero dalla costrizione dei binari, il tram corse all'impazzata oltre le piazze e le strade della città, in mezzo ai campi, ai boschi, oltre valli e monti, fino alle rive del mare, in cui s'immerse.

STREETCAR

Whenever I would fall asleep, after an impossible or an ex-hausting day, a streetcar would come to the end of the line in the courtyard.

One night I went down the stairs and climbed aboard that streetcar.

At first it was a normal streetcar that stopped at the stops where the few night passengers got on and off. When it got to the end of the line everyone got off, including the driver. I was the only one still aboard, no one said a word to me. I was ready to get off myself, I had one foot on the step when the train lurched away.

The streetcar was incredibly fast, it sped past all the stops, it seemed as if it was going to jump the tracks particularly on curves.

The tracks got thinner, like threads, until they vanished altogether, but the streetcar didn't derail. Finally free of the constraint of the tracks, the streetcar jittered all over one piazza, and then another, and on the streets of the city, in the middle of fields, in woods, through hills and dales, until it got to the coast of the sea, where it went under.

PEDAGOGIA

A volte in qualche classe dove insegno, si attua come per
sbaglio, il programma di un antico metodo educativo: non
porre interrogativi, non rispondere a domande, non sostenere
ipotesi, difendere tesi, non controbattere comunicare
trasmettere rimproverare incoraggiare spiegare chiedere
ascoltare né con parole né con gesti né con altri tipi di segni:
insomma, pur essendo presenti, essere assenti.

Ieri per esempio gli allievi di una classe hanno discusso
tutto il tempo tra di loro non so intorno a che cosa: alzavano la
mano parlavano...

I suoni delle loro voci mi sfioravano senza raggiungermi.
Vedevo delle ombre che s'incrociavano come spade in un
cortile, cozzavano e scuotevano i loro mantelli neri, una
sull'altra. Sentivo dei colpi. A un certo punto un'ombra rimase
immobile, a terra. Tutto si fermò e ci fu silenzio. Mi devo essere
alzato per guardare fuori che cos'era successo.

A cosa pensavo? Nemmeno io lo so.

PEDAGOGY

Sometimes in some of the classes I teach, what is, by accident, actualized, is system of the ancient method of instruction: the non-use of the interrogative, the non-response to questions, the non-supporting of hypotheses, defending of theses, the non-debating communicating, transmitting, taking-to-task, fostering, explaining, asking, listening, neither of words, nor of gestures, not with other types of signs either: that is to say, in order to be present, being absent.

Yesterday for example the students from one class talked among themselves the whole time about what I don't know: they raised their hands, still talking. . .

The sounds of their voices wafted towards me without reaching me. I saw shadows crossing like swords in a courtyard; their black cloaks thrashed and shook. I heard blows. At a certain point one shadow remained immobilized, on the ground. Everything was still and there was silence. I had to get up to look outside to see what had happened.

What was I thinking? Not even I know.

URLO

Mi sono svegliato per un urlo. Un urlo profondo, interminabile, morto in un tonfo.

Dormo vicino alla strada. Una strada qualsiasi in periferia.

Di giorno passano molte macchine ma a quest'ora ne passano poche. C'è un gran silenzio. Si possono sentire le parole dei passanti.

Ho capito che nevicava, senza bisogno di alzarmi a guardare, dal rumore più attutito delle macchine.

Chi si riaddormenta più? La notte è una tomba di stridori, grida, tonfi che uno non si sta a chiedere da dove vengono ma un urlo così lacerante, così... non l'avevo mai sentito. Non potevo essermelo sognato. No no. Chi è stato? Perché? Doveva essere accaduto qualcosa di spaventoso. Dovevo controllare, dovevo sapere, non potevo lasciar perdere, anche se nevicava, anzi, proprio perché nevicava. Questa volta, almeno una volta nella vita, volevo capire, dare una mano, se era necessario. Non occorre armarsi. Io non possiedo armi. Ecco: una pila e il telefonino. Prenderò il telefonino, finalmente serve a qualcosa di utile.

Mi sono alzato, guardo dalla finestra: raffiche trasversali trascinano grappoli di fiocchi qua e là come ondate che sbandano e faticano a trovare una riva. La strada una pista bianca. Nessuno. Mi copro bene, metto gli stivali, ci saranno 20-30 cm di neve.

Entro nella neve fresca per non scivolare sul ghiaccio. «Scusi, lei non ha sentito, per caso, un urlo poco fa?», «sì, forse, laggiù, veniva da là in fondo», mi risponde una vecchietta, vestita di nero, con una sporta in mano e mi indica con il bastone una distanza nei paraggi dell'incrocio cento metri più in là. «Scusi, lei non ha sentito, per caso, un urlo molto forte? », «urlo, no urlo io», mi risponde un filippino inchinandosi

HOWL

A howl woke me up. A deep howl, an unending howl that died out in a thud.

I sleep next to the street. A street pretty much at the edge of the city limits.

Lots of cars pass by during the day but at this hour very few go by. There's a great silence and you can hear what the pedestrians are saying.

I gathered that it was snowing, without even needing to get up and look outside, from the muffled noise of the cars.

Who can get back to sleep again? Nighttime is a tomb of screeches, cries, thuds that one doesn't ask about, where do they come from? but a howl that piercing. . . I had never heard one like that. I could not have dreamed it. No, no. Who was it? Why? Something threatening must have happened to someone. I needed to check it out, I needed to know, I couldn't let go of it, even if it was snowing, no, in fact, because it was snowing. There's no need to arm myself. I possess no weapons. Here: flashlight and cell phone. I'll bring the cell phone, finally it will have some purpose.

I got up. I looked out the window: horizontal gusts are blowing masses of flakes in every direction like waves skittering up and down the coastline and breaking just short of shore. The street's a white ski run. Nobody. I bundle up, I put on boots, there must be about 10 inches, a foot, of snow.

I walk on the fresh snow so I don't slide on the ice. "excuse me, ma'am, did you, by any chance, hear a howl a little while ago?" "yes, maybe, down that way, it came from down that way," said a little old lady, all dressed in black, a shopping bag in one hand, using her cane to point to an intersection about a hundred yards ahead in another neighborhood. "excuse me, you didn't by any chance hear a very loud howl, did

sorridente. Cammino e cammino, non c'è nessuno e l'alba sale intorno a me. Ha quasi smesso di nevicare. Il netturbino, giallo di tela cerata, gratta l'asfalto nero con il badile e ammucchia candore rovinato. Il fornaio, in pantaloni corti e maglietta, esce dal forno con una sigaretta, circondato da un alone di vapore come un'aureola. La donna con i tacchi a spillo saltella in cerca di asciutto. Il portinaio rovista con la pala. I pneumatici del furgone girano a vuoto. Fischi, gridi attraversano i rami, ma dell'urlo nessuna traccia: «scusi, lei non ha sentito, per caso, un urlo?», «no, guardi, non ho sentito urla», «magari erano delle grida, un litigio dei vicini», «no, no, un urlo, in mezzo alla strada», «mahh…», una palla di neve mi sfiora. Mi volto, qualche ombra che scappa, orme d'uomo e di cane nella neve. Il sole è una macchia d'uovo agli angoli di una tovaglia polverosa. Nel grigio del cielo, qua e là, squarci di tenero azzurro, venato di porpora e madreperla. Un'ala impalpabile inargenta le superfici, fibre azzurre e rosa sulla pelle della neve. Bagliori nelle pozze o dove si spossa il ghiaccio. Barattoli, stracci, bottiglie di birra vuote o mezze piene.

E allora? L'urlo?

Un uomo fa gesti lenti e ritmici di danza, una ragazza rimprovera il cane perché mangia la neve. Passa un motorino, sbanda fa una giravolta riprende la sua corsa. Una cornacchia sbatte le ali, prende il volo gracchiando, della neve cade dai rami, mi entra nel collo. Rabbrividisco. Il fiotto d'acqua gelido di un draghetto trasalisce, sventaglia goccioline che cadono sopra un cuscino di ghiaccio e neve, ma ritorna subito in sé, riprende il suo corso regolare. Atterrano intorno i piccioni. Ogni respiro è una nuvoletta. Lo stridore di un tram è una lama nelle ossa.

you?" "a howl, no, no me howl me," a Filipino answered me, bowing his head down, smiling. I walk and I walk, there's no one around and sunrise spreads all around me. It's almost stopped snowing. The streets-and-sand guy, in his yellow slicker, scrapes the snow shovel and a pile of wrecked whiteness heaps up against the black asphalt. The baker, in shorts and t-shirt, walks out of the bakery with a cigarette, surrounded by a ring of breath that looks like a halo. The woman in spike heels hop-scotches to from one dry patch to another. The doorman goes through the motions of shoveling. Truck tires are spinning. Whistles, shouts pierce through branches. But no sign of the howl: "excuse me, have you, by any chance, heard a howl?" "look man, no, I did not hear a howl," "but there was some screaming, neighbors fighting," "no, a howl, no, in the middle of the street," "ugh." He makes a mumbling sound, shakes his head at me, rolls his eyes, fed up. A snowball thumps me from behind. I turn around. Some shape running away. Tracks of a man and a dog in the snow. The sun's a blob of egg in the corner of a tablecloth that needs a good bleaching. Here and there in the gray of the sky, breaks of a tender blue, tinged with mother-of-pearl and purple. An over-wing covers the surface with an imperceptible layer of silver, blue and pink fibers on the layer of the snow. Glints in the puddles or where the ice has played out. Cans, rags, beer bottles half drunk and empty.

So, what about that howl?

A man's performing the slow movements and rhythms of a dance, a girl's lecturing a dog because it's eating snow. A motorbike goes by, skids, does a one-eighty and goes on its way. I'm shivering. A splash of ice water from an overhead gargoyle gives a jolt, drops a splattering onto a cushion of snow and ice, but then they bounce straight back up, readjusting to a more natural angle. Pigeons land all around. Every breath is a small

LA PASSEGGIATA

Il sole tramontato, l'ultima luce tinge di rosso gli ultimi piani che si riflettono nelle pozzanghere, insanguinandole. Le panchine vuote, uomini spettrali, con cani spettrali, sembrano uscire da quelle pozzanghere, venirti addosso.

Sembra di galleggiare e toccando le cose, le foglie, le mani, le zampe, ci si potrebbe accorgere di passare attraverso.

Per un momento è come se tutto stesse per incenerirsi, anch'io.

Poi un alito di vento gelido solleva le falde dei cappotti.

Rasento i muri, incrocio due corvi, cra-cra e uno storpio.

È una vecchietta sbilenca che si tiene con una mano in testa un cappellaccio di lana verde. Indossa un cappottino grigio con un colletto di pelliccia spelacchiata, calze spesse di lana marrone, flosce nei gambini stecchiti e un paio di scarpe rosse in cui i piedi danzano come zampe di gallina.

La vecchia procede con foga rabbiosa. Ogni tanto rallenta, vacilla, sembra sul punto di rovesciarsi.

La inseguo involontariamente. Sento uno che mi sta dietro. Se aumento il passo aumenta anche lui il passo. Batto le mani, dei piccioni volano via e anche lui batte le mani.

A un certo punto mi si affianca. È vestito come me, alto come me, fa i miei stessi gesti e sembra prepararsi a farmi qualche cosa. Mi fermo e anche lui si ferma. La vecchia, anche lei, è sempre lì, ha rallentato, vacilla. E se si fossero messi d'accordo per giocarmi qualche tiro? Come fa a camminare così rapida la vecchia se è una vecchia?

THE STROLL

Sunset. The last light tinges the last layers with red that reflects in puddles and bloodies them. Empty benches. Spectral people, with spectral dogs, seem to emerge from the puddles, crowd in.

It seems like a floating, that by things touching–leaves, hands, paws–one would be able to pass over into it.

For one moment it's as if everything is about to be annihilated, including myself.

Then a clip of wind lifts the back flaps of the overcoats.

I hug the walls, walk past ravens, caw-caw, and a cripple.

It's an old woman hobbling along, holding down a floppy, green wool hat with her hand. Wearing a gray car coat with a mangy fur collar, thick brown wool stockings that hang loose around stick legs, and a pair of pink shoes in which her feet are toddling, like a chicken walking on its claws.

The old woman is in the midst of a furious diatribe. Every so often she slows down, wavers, seems on the point of collapsing.

Involuntarily I follow her. I sense someone following me. If I widen my stride, he steps it up. I clap my hands, the pigeons disperse; he, too, claps his hands.

At a certain point, he's beside me. He's dressed like me, is my height, has my same movements, and seems ready to do something to me. I stop and he stops. The old woman, she is there too, has slowed down, uncertain. And if they get together to pull one over on me? And just how is it that the old woman is walking so fast if she is an old woman?

Mi sento in trappola, ho paura. La vecchia è davanti, lui di fianco. E se fosse una finta vecchia? In faccia non l'ho vista. Riprendo a camminare. Un buffo di vento solleva foglie e polvere, le fa mulinare davanti a me e avvolge la vecchia. La vecchia scompare nel mulinello. Spero di essermi liberato anche del mio inseguitore, mi volto e lui è sempre lì. Ma chi sei, che vuoi? Ehi, si può sapere?

Mi metto a correre, sto per gridare, ma lui non c'è più. Tiro un sospiro di sollievo, eppure so, anche se non l'ho più visto che è ancora dietro di me. Cerco di non pensarci, di andare avanti lo stesso. E chi se ne frega! Probabilmente non vuole niente, è solo una coincidenza. Probabilmente. Tutto è probabile, da dimostrare, anch'io. Basta accettare, tutto è degno di approvazione, anche lo storpio, lo zoppo, il gobbo, anzi. Il nemico non esiste e anche se esiste e non ti fa niente di male è come se non esistesse. Io non ho nemici. E la vecchia, come fa a starmi davanti, ancora? Basta! Via, via! Scatto a sinistra e lui scatta a sinistra, vado a destra e lui va a destra. Ho un rigurgito di rabbia, ma come osa! Sollevo un pugno verso di lui, anche lui solleva un pugno verso di me.

Cammino verso di lui, con il pugno alzato e lui cammina verso di me con il pugno alzato.

La vecchia entra in una porta a vetri e mi accorgo che lui sono io riflesso nella vetrata. E la vecchia?

I sense a trap. I'm afraid. The old woman is in front. He's on the side. What if she's a fake old woman? I didn't get a good look at her face. I start walking again. A gust of wind kicks up leaves and dust, makes whirlwinds in front of me and around the old woman. The old woman disappears in the whirlwind. I'm hoping to be free of the pursuer, as well; I turn around and he's still here. Who are you, what do you want? And, oh, like he's going to tell you.

I start running, I'm about to scream, but he's not there anymore. I sigh a sigh of relief, but I know even if I can't see him anymore, he's still there behind me. I try to not think about it, to keep walking. Who the hell cares! It's probably nothing, just a coincidence. Probably. Everything is probable, can be established, including me. It's sufficient to accept it. Everything is worthy of approbation, even the cripple, the lame, the hunchback, indeed, even, especially. The enemy doesn't exist and even if he/she exists and doesn't harm you, it's as if he/she doesn't exist. I have no enemies. And the old woman, how does she still manage to stay ahead of me? That's enough already! Go Away! Scat! I duck to the left and he ducks to the left. I go right and he goes right. I'm refluxing with anger, he's got some nerve. I raise a fist in his direction, he raises a fist in mine.

I walk towards him with fist raised and he walks towards me with fist raised.

The old woman enters though a glass door and I notice that he is me reflected in the window. And that old woman?

UN FIAMMIFERO

Un'altra implacabile giornata di pioggia. Pioggia incessante,
diluvio testardo, che ancora una volta mi ha impedito di andare
in bici e mi ha costretto a prendere la metropolitana. Mi ha
costretto a precipitarmi in un vagone, nel pigia-pigia, mi ha
costretto a sentire la musica, involontariamente dodecafonica,
di un violino e di una fisarmonica suonati da due zingari. Mi
ha costretto a mettermi in fila, nel serpentone controvoglia che
sale le scale, perché le scale mobili sono rotte da anni e anni.
Mi ha costretto a rifare la stessa strada al ritorno dal lavoro nel
serpentone controvoglia che scende ma poi di nuovo che sale
perché il metro si era rotto per la troppa pioggia. Mi ha
costretto a tornare a piedi, (inutile tentare di prendere tram,
autobus e taxi, tutti in ritardo o imbottiti come big-mec), a fare
6 kilometri a piedi, dal centro alla periferia, con camion e auto
che sollevano le pozzanghere per aria e te le sbatacchiano a
ombrellate d'acqua e fango sotto il tuo inutile ombrello sui
vestiti, fino alla testa. Mi ha costretto a traversare strade e
piazze sempre più buie e scivolose. Mi ha costretto a
inzupparmi, nonostante avessi l'ombrello, fino alle ginocchia, e
oltre, come se camminassi lungo la battigia. Mi ha costretto a
saltellare, a cercare di non perdere l'equilibrio e rotolarmi
nell'acqua e nel fango. (Ecco, c'è qualcuno che mi tende le
mani, figure da tempo dimenticate che forniscono aiuto, ne ho
bisogno! Possibile che non lo capite? Occhiaia viola, qualche
alga, la risacca, i gabbiani, voci che mi chiamano, perché? Sono
al mare? Quale mare? L'Oceano, il Mediterraneo? Sono su di
un'isola? Ho paura, corro, scivolo, rischio davvero la vita).

A MATCH

Another relentless day of rain. Unceasing rain, a stubborn
downpour, which once again has made it impossible to go by
bike and has made it necessary to take public transportation.
It's forced me to have to rush into a train car, into the crush,
it's forced me to have to listen to, involuntarily, twelve-tone
music, violin and accordion, played by two gypsies. It's forced
me to be in a line snaking lethargically up the stairs, stair by
stair because the escalator has been out of order for years. It's
forced me to retrace the same steps returning from work, in the
same line lethargically snaking down, but then, once again,
walking up the down-escalator because the metro has stopped
operating because of all the rain. It's forced me to go back on
foot (there's no point trying to get a tram, bus, taxi, every-
thing's running late or as crammed as a Big Mac, to walk three
miles, from downtown to the edge of town, with trucks and
cars shooting puddles in the air and flinging arcs of water and
mud under the useless umbrella, underneath your clothes, up
as high as your head. It's forced me to crisscross streets and pi-
azzas getting darker and slicker. It's made me drenched, even
with the umbrella, soaked up to my knees, soaked through and
through, as if I were walking along a shore line. It's forced me
to leap, in an effort to not lose my balance and tumble into
mud and water. (Here! finally, someone who's holding my
hands, figures from a long lost time who are giving assistance,
which I need. Is it possible you don't understand? Violet eyes,
some algae, the surf, the seagulls, voices calling me, why? am I
at the coast? which? the Atlantic? the Mediterranean? am I on
an island? I'm afraid, I'm running, I'm sliding around, my life's
at stake, really.)

Pioggia maledetta. Mi ha costretto a salire a piedi sei piani, perché l'ascensore era guasto e l'ascensore era guasto perché la corrente era saltata e quindi non funzionavano: luce, tv, frigor, forno a micro-onde, computer, tosta-pane, persino la tapparella della sala. E ho dovuto cercare le candele perché c'era buio pesto anche se erano solo le quattro del pomeriggio. E ho dovuto cercare la torcia a pile per trovare le candele e ho dovuto cercare le pile che erano esaurite per accendere la torcia per accendere le candele.

Alla fine ho trovato una scatola e ho acceso un fiammifero.

Damned rain. It's forced me to walk up six flights of stairs because the elevator wasn't functioning and the elevator wasn't functioning because the electricity went out, and therefore these things were not functioning: the lights, the TV, the fridge, the microwave, the computer, the toaster-oven, even the shutters in the living room. I had to look for candles because it was pitch dark, even at four in the afternoon. I had to look for the flashlight to look for the candles and I had to look for the flashlights which were run down in order to switch on the flashlight in order to light the candles.

In the end I found a box and lit a match.

LA NOTTE

E' inutile scavare. Getto via la zappa e il secchiello. Lavo le mani sporche di rena e fango. I fuochi d'artificio sono esplosi come se fossero vomitati dall'oscurità... Con te non devo cercare scuse, avere pretese di nessun genere. Guardo nell'oscurità. Non ti aspetto. Penso ad altro. Ci sei quando non ci sei, quando meno ti aspetto. Arrivi, sei tu: ti accarezzo, ti bacio, sei fatta di lineamenti sottili, ricami, crinali, nevi, rene, e tu ci stai. Sei la forma ma sei anche i sapori, i profumi, i colori, la musica. Non sei una cartolina illustrata, tu ti muovi in me, cammini, corri, a volte voli, come se avessi le ali, anche se non le hai, le ali. Per esempio ieri eravamo al mare. Anche se adesso è inverno e fa freddo e sono diventato grande, c'era il sole, faceva caldo, ero un bambino. Ti sei spogliata, hai fatto il bagno. Mi hai dato la mano. Ci siamo sdraiati nella sabbia calda, mi hai messo le dita e io ti ho lasciato fare. Quante cose sei stata? Il ghirigoro delle piccole onde sull'arenile. La nuvola bianca che dà un po' di sollievo e se ne va. L'alito di vento. Il grido del gabbiano. Un guizzo, un riflesso, un volo che taglia in due la tela del cielo. Una cresta di spuma. Un filo d'erba. Il sole. Una foglia. Una formica. Una pantera. La spirale della conchiglia. Delle parole che non mi sono mai sognato. La madrepora dei fondali. La stella marina. La luna.

NIGHT

There's no point digging. I toss aside the bucket and shovel. I wash the sand and mud off my dirty hands. The fireworks went off as if they were belched out of obscurity. . . With you, I don't have to make excuses, there's no pretenses of any kind. I look into the darkness. I'm not expecting you. I'm thinking of something else. You're there when you're not there, when I'm least expecting you. You arrive, it's you: I caress you, I kiss you, you have vague outlines, lacework, ridges, snows and sands, and you remain here.

You are form but you're also taste, scents, colors, music. You're not a picture postcard. You move inside me, run, sometimes fly, as if you had wings, even if you don't have them, wings. For example, yesterday we were at the sea. Even if right now it's winter. And it's cold. And I've grown up. There was sun. It was warm. I was a boy. You undressed, you went swimming. You gave me your hand. We laid on the hot sand, you traced your fingers on my skin and I let you. How many things were you? The squiggle marks in the wet sand. The white cloud that gives some relief and then passes. The huff of wind. The screech of a seagull. A flicker of light, a reflection, a flight that cuts the expanse of sky in two. A crest of froth. A blade of grass. The sun. A leaf. An ant. A panther. The spiral of a seashell. Words I've never dreamed of. A madrepora from the depths of the sea. The sea star. The moon.

Al momento apprezzi, eccome se apprezzi, ma poi ricadi nell'apatia, te ne dimentichi, ti dimentichi di me. E io dove sono? A volte sono io a essere malconcio e sei tu a consolarmi. Vieni da me? A volte tu cerchi e non trovi. E' inutile che tu ti metti a scavare. Getta via la zappa. Lava le mani sporche di fango. Con me non devi cercare scuse e non devi avere pretese che ci sia vuoi tu, anche se non sei quando più una bambina e sei diventata grande, bellissima. Guarda nell'oscurità. Non aspettarmi. Vai, pensa ad altro. Ci sono quando non ci sono, quando meno te lo aspetti. Arrivo, sono io… i fuochi si sono spenti. Un'ultima fontana di suoni e colori e sempre più deboli si va esaurendo. Non sono rimasti che i vuoti fondali: la notte.

At this moment you appreciate, yes you better believe you appreciate, but then you fall back into apathy, you forget about all of this, you forget about me. And me? where am I? Sometimes it's me who's in a state of despondency and it's you consoling me. Sometimes it's you searching and not finding. But there's no point for you to start digging. Throw away that shovel. Wash the mud off your dirty hands. With me you don't have to make excuses and there's no pretenses that it's what you want, even if when you're no longer a little girl and you have grown up, beautiful. Look into the darkness. Don't wait for me. Go on, think about something else. I'm there when I'm not there, when you're least expecting it. Here I am, it's me. . . the fireworks are done. . . One last cascade of sound and color and still weaker, there it goes trailing off. The only thing remaining, the voided depths: night.

ASPIRINA EFFERVESCENTE

Un corpo si torce nel bicchiere, batte contro il vetro. Un bruciato vivo frigge nell'acqua, si dibatte. Le sue frasi spezzate salgono in superficie con un fervore di bollicine. Si spacca in due, precipita in fondo. E a un certo punto si vede la bocca spalancarsi, pronunciare una frase definitiva ma incomprensibile, prima di squarciarsi e andare in pezzi.

Lo spezzone più piccolo, un ex-cavalluccio marino, l' ultimo sopravvissuto, tronco senza capo né coda, alimenta una fiaccola candida inesauribile di bollicine che appare un'invocazione senza fine.

All' improvviso cessa.

Restano a galla criniere di punti bianchi.

ALKA-SELTZER

A body flutters in water, hits the side of the glass. A live burning fizzes in the water, a thrashing. Its snapped-apart words rise to the surface with all the fervor of champagne bubbles. It breaks in two. Drops to the bottom. At a certain point one notices its mouth gape opening, uttering choice but incomprehensible words in the moments just before it breaks apart into pieces.

The smallest big-piece, former seahorse, the sole survivor, cut-off without a head or a tail, gives off a bright inexorable torchlight of bubbles that looks like an invocation, which goes on and on and on.

Suddenly it stops.

Up top, in the mop-top, white bits.

LA STRADA DI CASA

Non riuscivo più a imboccare la strada di casa: quando mi sentivo di aver preso quella giusta e mi avvicinavo, era un'altra, simile ma diversa.

Mi ero perso. Com'era possibile? Era una vita che vivevo lì.

Riconobbi un caro amico dell'infanzia, lo bloccai spiegandogli ciò che mi stava capitando. Lui mi rispose freddamente, quasi non mi riconoscesse. Guardava al di sopra di me, lontano, come se fosse distratto e pensasse a tutt'altro. Se ne andò senza salutarmi.

Che cosa stava succedendo?

Finalmente arrivai nella strada adiacente alla strada di casa. Questa volta sono certo, è la via giusta, non ce ne può essere un'altra. Dopo cento metri, però, proprio quando credevo di essere arrivato, arrivo in un'altra strada, una strada che non conosco.

Dove sono capitato?

Chiedo informazioni. Mi rispondono in una lingua simile ma diversa, fisionomie umane ma bestiali. Le ascolto stupito, loro più perplessi di me. Mi metto a piangere, una di loro, per consolarmi, mi dà una carezza che mi colpisce come uno schiaffo. Mi rotolo per terra, mi batto i pugni sul petto, sulla testa. Ridono e se ne vanno.

Mi alzo, cerco di calmarmi. Chiedo chi sono dove sono. Nessuno mi risponde, come se non esistessi.

Non chiedo più niente a nessuno. Eppure sono vivo, mi tocco, mi sento, sono stanco, ho fame, ho sete, voglio andare a casa, come ho fatto tutti i giorni. Do un pugno contro il muro: prima di sentir male, vedo uno spruzzo di calcina cadere per terra.

MY STREET

I couldn't find my way back to the street where I live; when I seemed to be getting close to the right one and I got close to it, there was another one, similar to it, but different.

I was lost. How was it possible? I had lived there an entire life.

I recognized a close friend of childhood, I stopped him, explaining to him everything that had happened to me. He replied to me coldly, almost as if he didn't recognize me. He looked somewhere above my head, far off, as if he were distracted and was thinking of something altogether different. He left without saying goodbye to me.

What had been going on?

Finally, I came to the street next to my street. This time I'm sure, it's the right street, it can't be any other. After a hundred yards, though, just when I think I've arrived, I come to another street, a street I don't recognize.

Where have I ended up?

I ask for directions. They answer in a similar, but different, language; they have physiognomies that are human yet bestial. I listen to them, stupefied; they are more perplexed than I am. I start to cry. One of them, a female, in order to comfort me, pats me; it hits me like a whack. I reel backwards to the ground. I bang my fists against my chest, against my head. They laugh and leave.

I stand up, trying to calm down. I ask who I am where I am. No one answers me, as if I don't exist.

I don't ask anything more of anyone else. And yet, I'm still living, I pinch myself, I feel, I'm tired, I'm hungry, I'm thirsty, I want to go home, like I have done every day. I hit my fist against the wall: before I feel pain, I see a spray of mortar fall to the ground.

Quella minaccia che sentivo su di me da tanto tempo, forse da sempre, come una spada di damocle, e non sapevo mai dire che cosa fosse, ora sapevo che cos'era, era lì, per terra, quel rivolo grigio di calce che io avevo provocato e che si sgretolava sul nero dell'asfalto: «quello sono io, qui, ora».

Piegato in due, la mano dolorante, pensavo che in fondo è tutto come prima e che forse sono io a essere cambiato, un leggero cambiamento, uno spostamento impercettibile da me. Quanto basta per cambiare tutto. Mi guardo intorno: il mondo è come prima, ma il mio mondo, com'era una volta, com'era sempre stato, non c'era più, forse chissà da quanto tempo e solo adesso me ne rendevo conto.

Guardo in alto: in uno scorcio di tetti e balconi, riconosco casa mia. Vedo le finestre su cui si riflettono gli ultimi raggi di sole, le nuvole lontane. Dietro i vetri una sagoma, forse quella di mia moglie o di mio figlio che mi aspettano ancora o forse no, anche loro sanno e non mi aspettano più.

Sono lì vicini, a un tiro di schioppo, li vedo, forse anche loro mi vedono ma non mi riconoscono più.

That threat that I had been feeling over me for a long time, maybe for always, like a sword of Damocles, and didn't ever know what it was, now I knew what it was, it was there, on the ground, that little gray stream of mortar that I'd provoked and which was there crumbled against the black of the asphalt: "that's me, right there, right now."

Doubled over, my hand in pain, I thought that down deep it's like before and that perhaps it's me being changed, a slight change, an imperceptible movement within me. Just enough to change everything. I look around: the world's like it was before, but my world, how it was at one time, how it always was, isn't there anymore, maybe hasn't been for who-knows-how-long, and I realized it only just now.

I look up: I recognize home in a view of roofs and balconies. I see the windows where the last rays of the sun and distant clouds are reflecting. On the other side of the panes–an outline, maybe that of my wife, or my son, who are waiting for me, or maybe not, even they know and are no longer waiting for me.

They are there, nearby. At the pull of a shotgun, I see them. Maybe they even see me but they no longer recognize me.

ANGELO O DIAVOLO?

Nella basilica delle Grazie di Geronimo Pusterlina, un angelo o un povero diavolo, completamente nudo, credendo forse di essere invisibile, ha fatto un gran casino, provocando uno scandalo.

Ha spostato un portafogli dalla giacca di un ricco mercante ai piedi torti di un lebbroso sdraiato all'angolo del transetto, ha sfilato dai piedini di una contessina che spettegolava con la marchesina un paio di scarpine di raso che ha messo in mano a una stracciona, rannicchiata dietro un pilastro della navata, ha rovesciato il sacchetto delle offerte e ha distribuito le monete ai poveri.

Tutto ciò accadeva sotto gli occhi esterrefatti del prete e dei fedeli durante la messa della domenica mattina.

I carabinieri accorsi in forze hanno cercato di fermarlo. Ogni volta che stavano per acciuffarlo, lui balzava in alto, volando tra le navate.

«Ma è un angelo del cielo!»

«No, è un diavolo travestito da angelo!»

«È un buffone!»

«Come fa a volare, allora?»

«È un acrobata, un saltimbanco!»

«Miracolo, miracolo, *sanctus benedictus, sanctus!*»

«Che *sanctus*, che miracolo! È un buffonata e basta»

«Una trovata pubblicitaria»

«Satana, ecco chi è, Belzebub, Lucifero, Alichino!»

«L'acqua santa, prendete l'acqua santa»

«No, l'incenso, meglio l'incenso»

«Meglio la mirra»

«Meglio ancora la birra»

«Ma lasciatela in pace, povera creatura»

ANGEL OR DEVIL?

In the Basilica of Grazie di Geronimo Pusterlina, an angel or poor devil, totally nude, thinking himself to be invisible, caused a great uproar, provoked a great scandal.

He switched a wallet from the jacket of a rich merchant down to the twisted feet of a leper sprawled in the corner of the transept, he slipped off a pair of satin shoes from the delicate feet of a young countess who was gossiping-nasty with a young marchesa and put them into the hands of a rag-woman huddled behind a pillar in the nave, he turned the money sack for the offering upside down and distributed the coins to the poor.

All this happened under astonished eyes of the priest and the faithful during Sunday morning mass.

The local police officers, out in full force, took notice, and tried to stop him. Each time they were about to nab him, he sprang into the air, and flew up between the aisles.

"Look, an angel from heaven!"

"No, it's a devil disguised as an angel!"

"It's a prankster!"

"Then how come he can fly?"

"He's an acrobat. A tumbler."

"Miracle, miracle. *Sanctus benedictus, sanctus!*"

"What miracle? what miracle. It's a big fat joke. Period."

"It's a publicity stunt."

"It's Satan. That's who it is. Beelzebub. Lucifer. It's the devil Alichino."

"Holy water! Get the holy water!"

"No! Incense! Incense is better!"

"Myrrh! myrrh would better!

"Better yet, get some beer."

"Leave him alone, poor creature."

«Creatura di Satana!»

«Ma non vedete che toglie ai ricchi per dare ai poveri e agli infermi, come prescrive il Vangelo!»

«Lei è un eretico, lei lasci stare il Vangelo!»

«Che cos'è un retico, mamma?»

«Lei come si permette di darmi dell'eretico, lei cosa ne sa di me?»

«Ma perché ve la prendete tanto, non vedete che è una buffonata, una presa in giro, un modo per farsi della pubblicità?»

«Chi? Pubblicità de che?»

«Tutti quei mendicanti, lei non sa che sono falsi invalidi, dei simulatori, degli istrioni?»

«Chi sono glistrioni, mamma?»

«Pierino andiamo, presto, è ora di andare»

E in effetti le cose si stavano mettendo male nella basilica delle Grazie di Geronimo Pusterlina. I fedeli, agitati, gridavano e qualcuno cominciava ad azzuffarsi con il vicino. Molti scappavano, cadevano per terra, venivano calpestati.

L'angelo o il diavolo volò fuori da una finestra e chi s'è visto s'è visto.

"Satan's Creature!"

"But don't you see how he's taking from the rich and giving to the poor-and-the-infirm just as the Gospel prophesized!"

"You are a heretic! Leave the Gospel out of this!"

"What's a rectic, Mommy?"

"Who gives *you* the right to call *me* a heretic, and what do *you* know about *me*?

"Why are you two making such a big deal out of this? Can't you see it's funny. It's gotcha. Just one more way of promoting a product?"

"Who? For what?"

"All those beggars. You don't know they're all fake cripples, simulators. Thespians."

"Mommy, what's a *thespian*?"

"Petey, let's get going now. Come with me. It's time to go now."

And, after that, things started going not so well at all within the basilica of Grazie di Geronimo Pusterlina. The faithful, agitated, yelled out, and one person started to scuffle with his neighbor. Many slipped out, they fell to the ground, they ended up being trampled on.

The angel-or-devil flew outside through a window and whoever saw him saw him.

LA MASCHERA DI FERRO

Una notte, prima della Seconda Guerra Mondiale, prima del nazionalsocialismo, prima della Grande Guerra, quando non era ancora famoso e faceva il vagabondo e l'imbrattatele, sognò di avere una maschera spaventosa sulla faccia, che lo faceva apparire molto diverso da come si sentiva lui dentro.

Nel sogno si guardava allo specchio e cercava di togliersi quella maschera di ferro, ma con la maschera venivano via la pelle, i capelli, brandelli di carne, lembi di muscoli e nervi, rivoli di sangue, urla strazianti, ossa rotte, odore di zolfo, un paesaggio di roghi, patiboli, cavalli di frisia, reticolati, gas, rovine, scheletri ammucchiati su scheletri…

Si svegliò all'improvviso da quell'incubo straziante urlando, accese la luce, andò allo specchio e si rese conto che quella maschera non poteva strapparsela perché era così incastrata nella sua faccia che sembrava la faccia, anzi lo era. Dietro c'era un altro volto o dietro non c'era nulla? Chi era lui?

Si parlò davanti allo specchio, disse che si sentiva un uomo gentile, solo e ferito, nudo davanti a sé, a quella orrida maschera e al mondo crudele. Vide che il viso sotto la maschera, non aderiva bene e non era d'accordo, era deluso, stanco, piagnucoloso. Allora s'infuriò, si mise a urlare contro di lui, protestando che era una femminuccia stolida, agitò i pugni, alzò le braccia al cielo, sgranò gli occhi, la bava agli angoli della bocca, tenne un lungo sermone, gli parlò di vergogna, onore, riscatto, grandezza, nemici della patria, tradimento, complotto giudaico-massonico, si commosse davvero, anche la voce divenne possente, i vicini di casa bussarono invano, ci furono inutili proteste, lui andò avanti per la sua strada e il viso si entusiasmò, promosse con i giusti movimenti del collo, della bocca, del mento, con la giusta inclinazione della fronte, la

THE IRON MASK

One night, before the Second World War, before National Socialism, before the First World War, when he was not yet famous and a drifter and a dabbler, he dreamed he had a frightening mask on his face that would make him appear very different from how he felt inside.

In the dream he looked at himself in the mirror and tried to take off that iron mask, but when the mask came off, so did skin, hair, shredded skin, ribbons of muscles and nerves, trickles of blood, agonizing howls, broken bones, smells of sulfur, a landscape of bonfires, scaffolds, chevaux de fries, barbed wire fences, gas, rubble, skeletons heaped upon skeletons. . .

He suddenly woke up from that agonizing nightmare screaming, lit the light, went to the mirror and assured himself that that mask could not come off because it was so firmly affixed into his face that it seemed like his face, and in fact it was. Behind it there had been another face or behind it was there nothing at all? Who was he?

He spoke to himself in front of the mirror, he said that he felt like a kind man, wounded and alone, naked in front of himself, in front of that horrible mask and the cruel world. He saw that the face beneath the mask didn't match, didn't correspond, he was disillusioned, worn out, sniveling. Then he became infuriated, he started screaming against himself, declaring he was a stupid crybaby, he shook his fists, he raised his arms to the sky, opened his eyes wide, his mouth foamed at the corners, he delivered a lengthy speech, spoke to himself about shame, honor, liberation, greatness, enemies of the country, betrayal, a Jewish-Masonic Conspiracy, he was truly moved, even his voice became mighty, the neighbors knocked but got no reply, their objections were useless, he continued on in the same way, and

continua rotazione degli occhi, l'impeto di quella voce, il
torrente vorticoso di quelle frasi altisonanti e lui lo sentì, lo vide
ammirato, illuminato di un nuovo sguardo, finalmente aderente
a quel che si sentiva dentro e appariva fuori: una furia di ferro
e di fuoco. Pianse, rise, si rese conto che poteva possedere la
potenza minacciosa di una maschera di ferro sopra la tenerezza
triste di un viso umano che s'inchinava alla superiorità della
forza e voleva bene alle sue parole che avrebbero stupito e
posseduto il mondo e se ne innamorò perdutamente.

his face became enlivened, this accomplished by the appropriate movements of neck, mouth, chin, with just the right inclination of forehead, the continual rotation of eyes, the vehemence of voice, the vortical torrent of those magniloquent phrases, and as he listened to it, he saw it, admired, illuminated by a new look, having finally connected that which he felt inside with that which appeared outside: a fury of iron and fire. He cried, he laughed. He understood that he could possess the menacing power of an iron mask covering over the sad tenderness of a human face that yielded to the supremacy of force, and loved its words, the words which would have bedazzled and possessed the world, made it fall in hopelessly love and lose itself.

INVASIONE

Sono arrivati nel corso della notte da tutte le direzioni.

Si sono accampati nel Parco, lungo le vie adiacenti, tenendo in stato d'assedio sedici condomini e centoquarantasei famiglie. Hanno piazzato potenti cassoni di balena, corni di bue e tamburi d'asino e hanno incominciato il *rave* degli animali. Più di quaranta ore di abbai, uggiolii, ruggiti, latrati, ululi, frinii, belati, trilli, miagolii, nitriti, ragli, muggiti.

Tra i cinquemila che hanno invaso la periferia, non c'erano solamente cani randagi, bastardi, incroci, ma anche cani di razza, a pelo corto e a pelo lungo, di tutte le taglie, minime e massime, ma anche gatti, maiali, pecore, capre, oche, cavalli, asini, muli, polli, anatre, una fattoria degli animali domestici, selvatici e para-selvatici, pesci-fuor-d'acqua, cervidi, serpenti, lucertole, pappagalli, pappagallini, gufi, civette, zebre, lupi, iene, sciacalli, gorilla, gru, volatili varii, bisonti, cinghiali, giraffe, marsupiali, insetti e insettivori, formiche e formichieri, cavalli e cavallucci, grilli, grillitalpa, e qualcuno garantisce anche viventi esemplari di animali, a torto ritenuti, soltanto mitologici o fantastici: centauri, protei, salamandre, grifoni, pegasi, ippogrifi, unicorni, sfingi e sirene.

«Quando sono tornato a casa ho avuto paura e sono andato a dormire da mia zia» racconta un giovanissimo inquilino.

«Io, invece, sono andato in hotel, non ho avuto il coraggio di attraversare la strada», dice un altro, di mezza età, «erano minacciosi quei cinquemila, almeno a giudicare dall'aspetto. E l'idea di infilarsi per quei kilometri brulicanti di creste, code, pinne, piume, ali, zampe, zanne, proboscidi, corna e artigli, non era una prospettiva allettante».

INVASION

They arrived during the night from every direction.

They set up camp in the Park, along the nearby streets, holding sixteen apartment buildings and one hundred forty-six families hostage. They positioned their very strong bodies big as whales like Ticonderoga wagons circling the circus wagons, oxes' horns, and drums, and they all started the animals' rave. More than forty hours of barking, whimpers, roars, baying, chirping, bleating, warbling, meowing, whinnying, braying, lowing.

Among the five thousand or so that invaded the outskirts of the city, there weren't just the usual vagrants, mongrels and crossbreeds, but purebreds as well, short-hair and long-hair, of all sizes, tiny and enormous, and even cats, pigs, sheep, goats, geese, horses, asses, mules, chickens, ducks, a farmyard of domesticated animals, wild and half-wild animals, fish-out-of-water, cervids, serpents, lizards, parrots, parakeets, owls, snowy owls, zebras, wolves, hyenas, jackals, gorillas, cranes, various kinds of winged animals, bisons, boars, giraffes, marsupials, insects and insectivores, ants and anteaters, horses and miniature horses, crickets, mole crickets, and someone even guaranteed live representation of all animals, no liability in the provision thereof, excluding, fantastic and mythological: centaurs, proteuses, salamanders, griffons, pegasuses, hippogriffs, sphinxes, and sirens.

"When I came home I got scared and I went to sleep at my aunt's," one very young tenant relates.

"I went to a hotel instead. I didn't feel bold enough to cross the street," says another, middle aged, "I found them to be threatening, five thousand of them, at least judging from appearances. And the idea of walking through miles of swarming crests, tails, flippers, feathers, wings, hoofs, tusks, proboscises,

Poco dopo l'inizio dell'orgia, ha incominciato a suonare il telefono della questura. Tutto inutile. Non si è visto nessun poliziotto in divisa o in borghese.

Racconta un ragazzo che vive in un condominio sequestrato dalle bestie: «quando sono tornato a casa dalla palestra, erano sparsi dappertutto. Leccavano, pisciavano, sbavavano, scalciavano, si accoppiavano cani con i maiali, asini con sfingi, strigi con scimmie. Ecco da dove vengono i mostri! Altro che cartoni animati giapponesi! Tremavano, ruttavano, alcuni erano presi dalle convulsioni. A un certo punto hanno preso a mordersi, è scoppiata una rissa generale e io sono scappato. Bella idea abolire l'accalappiacani!».

«Ma che l'accalappiagani! – replica un signore alto, stempiato, con una barbetta caprigna – è genedica la madre di quesda mescola viduperosa. Hanno clonado la pegorina, la scimiedda, il gavalino, l'omeddo e glona du che glono anch'io e gloniamo il magazeno dei sogni d'umanidà e gloniamo i gaprici mesdoli d'infanimazione e vedrà che nuovo il bel mondo verà!»

S'è formato un capannello intorno ai due, di persone che ascoltano sempre più vicini e vogliono dire la loro: «Ma come parla lei, ma che cosa dice, mi scusi? — dice un uomo robusto, collo taurino - non sa che la genetica ha fatto fare passi da gigante alla medicina e potrà guarire un sacco di malattie che sono sempre state...», «che saggo e saggo delle mie braghe a spillar guadrini», «...incurabili », «il progresso dell'uomo è la realizzazione dei suoi sogni – interviene una signora elegante con una sporta in mano e un cappello con una piuma di pappagallo – Leonardo da Vinci ha disegnato l'aeroplano, la bicicletta...», «la bigigletta dei miei sdivali...», «lei interrompe sempre, lei non lascia parlare, lei è un ignorante...». Le voci si accavallano, le braccia si protendono, ci sono i primi spintoni, parte uno schiaffo, che non arriva dove, forse, voleva arrivare e si limita a fendere di traverso l'aria. C'è un parapiglia, un

horns and talons, was not a particularly attractive proposition."

A very short while after the start of this orgy, the phone started ringing off the hook at police headquarters. It did no good whatsoever. There was not a police officer to be seen on the streets—not in plainclothes or in uniform.

One young man who lives in an apartment building that was seized by the beasts: "When I came home from the gym, they had spread around everywhere. They were licking, pissing, slobbering, kicking, pigs and dogs were humping, sphinxes and asses, monkeys and screech owls. This is how monsters are made! Forget those Japanese cartoons! They were shaking, they were belching, a few of them were even having convulsions. At a certain point, they started to bite themselves, and there was a loud outburst all over, and I fled. Brilliant idea abolishing the dogcatchers!"

"What are you talking about? The dogcatchers?" this retort from a tall gentleman with a bald pate, a receding hairline, and a trimmed goatee. "The mother-of-all-this-disgraceful-mingling is Genetics. They're in-cloning, that little sheep, Dolly, that little-monkey with the baby-sweet cutie-face, and the itty-bitty fainting horses, they're cloning little people, they can clone two splice apiece together, I can clone too, we're all cloning, the whole menagerie of the dreams of humanidad and we'll clone caperisciously, adultsurated by infanimation. Then we'll see what a nice new world there'll be!"

A small crowd drew closer, gathered around the two of them made up of people who each wanted to have his say: "Excuse me, sir, but what are you saying, excuse me, sir? —says a stocky, bullnecked man— "don't you know, sir, that because of genetics medicine has taken giant steps forward and medicine can cure a bunch of sicknesses that have always been. . ." "pocketfuls, pocketfuls, pick-pocketed right out of my pants pockets. . ." "incurable. . ." "the progress of mankind is the re-

repentino guazzabuglio, volano dei copricapo, un astante inciampa, uno si sfrega una mano, un altro si mette le mani nei capelli. «Eh calma! – urla un tipo basso, calvo, un naso di porco – che ci mettiamo anche noi a pazziare come bbestie?», «no, no, io volevo»…

«Io invece – un'anziana grassa signora, vestita da barbona, una gattara probabilmente, mette tutti a tacere con una voce profonda, che nessuno si sarebbe aspettata da lei – io invece ho portato loro da mangiare e da bere, perché erano assetati e affamati», «siete dei razzisti, ecco, siete tutti dei razzisti, tranne la signora. Povere bestie – si fa avanti una magrolina, vestita di nero, tipo dark lady, con occhi da cerbiatta e una vocetta acuminata – poveri animali, lì ammassati, randagi, senza nessuno che si occupasse di loro, che cercasse di comunicare! Non sapete che animale viene da anima? Ho cercato di parlare con loro io, di sapere perché erano lì, di che cosa avevano bisogno io», «e c'è riuscita?», «no, però ci ho provato…», «è stato un evento straordinario dal punto di vista scientifico – interviene un occhialuto ricercatore, aria da talpa – ho potuto osservare e scoprire specie viventi nuove, o date per estinte, comportamenti inusitati anche per le specie note, mai prima osservati, peccato che tutto sia finito così presto!», «e che peccato d'egitto, siamo messi male, malissimo! – s'intromette un tale con pancia e baffi da tricheco – e che? È da ieri che ho chiamato polizia, carabinieri e nessuno interviene: ho chiamato anche l'ente protezione animali, ma non ne vogliono sapere perché, dicono, sono animali al di fuori del loro raggio di competenza, raggio di competenza, proprio così hanno detto». Il dibattito continua, ma con pacatezza.

alization of his dreams," interrupted an elegant lady wearing a hat with a parrot feather and holding a shopping bag in one hand – "it was Leonardo da Vinci, after all, who designed the airplane, the bicycle. . ." "bike, my spiked Prada spikes!" "you, sir, are always interrupting, you are not letting anyone speak, you, sir, are an ignoramus!. . ." the voices overlap one another, arms jut forward, there are the first little pushes, a good shove, that comes out of nowhere, maybe, it was inevitable, and it lands on nothing, thrashing around in the air. There's a paraplegic, a penitent incoherently mumbling, various kinds of headdress are flying, a bystander trips, one man is rubbing his hand, another runs his hands through his hair. "Calm down now! shouts a short bald guy, with a pug nose–"otherwise you want for us to go at it wild wild like the bbbbeastss? "no, no, I didn't mean for that to. . ."

"I instead–" a fat, old lady dressed like a bag lady, probably one of those old ladies they discover who keep cats, got everyone be quiet with her deep, resonant voice, which no one would have expected to come out of her mouth–"I, on the other hand, had brought them something to eat and drink because they were hungry and thirsty." "You're racist." There. You're all racists. Except the lady. Poor beasts. An old woman stepped forward, a wisp of a thing, a stick, all dressed in black, a kind of dark lady, with eyes like a fawn and a screeching voice–poor animals! all crammed together, at large in the world, without anyone to be concerned about them, with them trying to communicate! Don't you all know that animals come out of anima? I have tried to talk with them, I have, to know why they were here, what they needed, I did." "and any success?" "no, but I tried to. . . " "from a scientific point of view, an extraordinary feat," interjected a bespectacled researcher, who looked like a mole. " –I could have observed and discovered new living species, or documented the already-existing

Alla fine un altro giovane ha ammesso di essersi divertito *un casino*: «una festa stupenda, qualcosa di mai visto prima!». Un suo amico, invece, ha aggiunto: «però, io ho provato anche una grande pena».

Al mattino sono spariti, chissà dove. Sono rimasti per terra gli escrementi, ciuffi di pelo, deiezioni, macchie di sangue, penne, zampine, code, creste, teste, qualche cadavere piccolo e meno piccolo.

ones, or having unusual behaviors in certain species, or never-before observed, what a shame that it all finished so soon! what a shame. . . " "A shame! It's because of Sins, the Sins of Egypt that we're in the state we're in. Bad. Bad off! interrupted a guy with a big stomach and a big walrus mustache. And what. It's been a day since I called the police, state, city, and nobody's come to the rescue. I even called animal protection, but they don't want to hear about it, because they said, these are animals outside their jurisdiction, outside their jurisdiction, that's exactly what they said." The debate goes on, but with a sense of great calmness.

In the end, another young guy admitted to being amused by this madhouse: "a rocking party, something different!" A friend added: "but, I feel a great pain, too."

They left in the morning, gone who knows where. What remained on the ground was excrement, clumps of hide, feces, bloodstains, feathers, paws, tails, crests, a few small cadavers and a few smaller still.

MONDIALIZZAZIONE

Il mattino una fila di camion trasporta dei cannoni. Sembrano vecchi cannoni da parata, caricati a salve per la festa, invece è l'inizio della guerra.

La sera mi trovo in una stazione che sta per subire un bombardamento notturno. L'allarme urla da qualche minuto quando mi accorgo che la sala d'aspetto sopra di noi, al primo piano, è illuminata a giorno. Bisogna spegnere tutte quelle luci. Avviso gli astanti e il personale ferroviario, ma tutti scappano fuori e a nessuno gliene importa niente.

Salgo di corsa le scale, entro nella sala illuminata e chiudo tutti gli interruttori. Delle lampadine in alto, però, restano accese.

Mi arrampico su degli armadi sotto quelle lampade, prendo un fazzoletto dalla tasca e svito le lampadine ma ne rimane sempre qualcun'altra accesa.

L'allarme è quasi completamente sovrastato da un baccano di motori dal cielo e di grida dalla stazione.

Smonto dall'armadio, prendo una sedia di legno e tenendola per una gamba la fracasso sulle piastrelle del pavimento. Il rombo degli aeroplani ha cancellato ogni altro rumore. I vetri tremano.

Mi arrampico di nuovo. Un cassetto si apre rovesciando l'inchiostro di un calamaio e sparpagliando delle cartelle scritte a macchina e corrette fitte fitte a mano. Leggo delle frasi: *la mondializzazione dell'economia cancella per sempre la guerra come metodo di soluzione dei…*

Con la gamba della sedia… *problemi…* rompo le ultime lampadine rimaste accese… *e riporta l'umanità, per la prima volta nella sua storia, a una condizione di…* fino al buio totale.

Scendo a precipizio, inciampo nel buio, cado, mi rialzo, raggiungo le rotaie e vedo una bomba vicina, nera e affusolata, non più grande di una foca, che mi cade tra le braccia.

GLOBALIZATION

Morning, a line of trucks is transporting cannons. They seem like old parade cannons, saved for festivals, but instead it's the start of war.

In the evening, I find myself in a station that's under a nighttime bombing. The siren wails a few minutes when I realize that the waiting room above us, on the second floor, is lit up like it's daytime. The lights need to be shut off! I warn the bystanders and the railway employees, but everyone slips away outside and no one acts like it matters to them.

I follow the steps, enter the lit-up room and flick off all the switches. The overhead lights, though–remain lit.

I scramble up onto some cabinets, pull out a handkerchief from my pocket and unscrew the light bulbs but there are still some others that are lit.

The siren's almost completely overridden by the din of engines in the air and by the cries coming from the station.

I get down from the cabinet, pick up a wooden chair and, holding it by one leg, I smash it down against the pavement tiles. The roaring of the planes has cancelled out every other noise. The windowpanes are vibrating.

I clamber up again. A drawer opens spilling ink from an ink bottle and scattering typewritten papers covered thick with corrections made by hand. I read a few phrases: *the globalization of the economy forever eliminates war as a solution for...*

With the leg of the chair... *problems...* I break light bulbs that remain lit... *and carries humanity, for the first time in its history, towards a condition of...* until a complete darkness.

I get down from the edge, I trip in the dark, I fall, I get up again, I reach the tracks and see a bomb nearby, black, tapered, no bigger than a seal, which falls into my arms.

LA POLVERE

Amava i libri, li accarezzava, erano i libri della sua biblioteca, il professore.

Ne tirava fuori uno dagli scaffali, poi un altro. Li abbracciava con uno sguardo. Sfiorava le costole, guardava le copertine, li apriva, li sfogliava, li annusava. Non c'era bisogno di leggerli, sapevano di tante cose, di tutti i sapori, i colori e gli odori del mondo che portavano con sé. Nei libri c'era tutto. Il mondo, l'universo e gli altri libri, in cui c'erano altri libri. Anche se non li aveva letti, li conosceva. Erano tante storie, in cui c'erano altre storie. La verità è un'invenzione dei libri. La realtà è un'altra creazione dei libri. Un'invenzione o un pretesto, una scusa. I libri importanti sono quelli che l'hanno costruita mediante storie ben congegnate, fandonie fenomenali, strane parabole, miti suggestivi, metafore e compagnia varia. Per esempio *Il Milione* di Marco Polo, il libro di viaggi e di avventure per eccellenza, così concreto, così preciso, non ha niente di reale, è iper-reale, sembra un sogno senza fine. L'aveva letto tanto tempo fa. Intere pagine sono elenchi noiosi di oggetti, luoghi, nomi, inventati o distorti, come certe pagine della Bibbia che descrivono rituali, proibizioni, arredi sacri, genealogie, presi da altri libri, con pignoleria meticolosa, chissà se davvero Marco Polo c'era stato in Cina e anche se c'era stato non fa differenza, il risultato è un libro.

Il Milione ha fatto sognare generazioni su generazioni. E intere generazioni di viaggiatori e navigatori, come Cristoforo

DUST

He loved books. He caressed them. This professor. Books from his library.

He pulled one down from the stacks, then another. He embraced them with a look. His breast swelled. He gazed at the covers. He opened them. He leafed through the pages. He sniffed them. There was no need to read them. They contained much knowing. About taste, colors and odors of worlds they carried within. Everything was contained in books. The world. The universe and the other books, in which there were still other books. Even if he hadn't read them, he knew them. There were many stories, with many stories within. Truth is an invention of books. Reality is another creation of books. An invention. Or a pretext. An excuse. The important books are the ones that been have constructed along well-formed story lines, fantastic tales, with the unexpected developments, evocative myths, metaphors and a range of characters. For example, *The Travels of Marco Polo,* the adventure book par excellence, so exact, so precise, it has nothing real, it's hyper-real, it seems a dream without end. He'd read it a long time ago. Whole pages are lists, irritating lists, with objects, places, names, invented or somehow distorted, like certain pages in the Bible that describe rituals, prohibitions, sacred objects, genealogies, taken from other books, with a meticulous fastidiousness, who knows if Marco Polo was really ever in China, and even if he was really there, it doesn't matter, what came out of it was a book.

The Travels of Marco Polo has given rise to the dreaming of generation upon generation. Whole generations of explorers, Christopher Columbus for example, interpreted true journeys into the unknown through this particular book of authentic tall tales which gets lodged in the brain because it's a book that makes one think about worlds completely different from the

Colombo, hanno intrapreso veri viaggi nell'ignoto con quel libro di autentiche fandonie conficcato nel cervello, perché è un libro che fa pensare a mondi completamente diversi da quello orrendo, in cui ci si trova costretti a vivere, la realtà, ovvero l' orrido squallore. Quindi fa scattare la molla più importante di ogni impresa, la cosa più pazza, infantile: il desiderio.

Anche Shakespeare, chissà se era esistito, e se era esistito chissà che cosa aveva davvero combinato e Omero e Villon e la Compiuta Donzella e chi più ne ha più ne metta e chi se ne frega, nessuno glieli puliva. Se li doveva spolverare da solo. Tutti si rifiutavano con una scusa o con un'altra. Era faticoso pulire i libri. Salire e scendere dalle scale. Prenderli, di solito, in una posizione scomoda, un piede su uno giù, la schiena girata, il collo piegato, la testa che sbatte, gli occhi accecati dalla polvere, con il rischio di svenire, di precipitare dalle scale, per toglierli di lì, in alto, in un angolo piegati, torti, spiegazzati, dove di solito finiscono per ritrovarsi accartocciati, semi-nascosti, mezzi rovinati o completamente sfasciati e sempre impolverati.

C'era tanta polvere nella città in cui viveva, troppa. I libri, appena gliela toglievi, si ricoprivano di nuovo di polvere. Una polvere che cadeva in continuazione. Una pioggia implacabile, incessante, giorno e notte. Nessuno se ne accorgeva o gli dava importanza. Spesso lui la guardava in un raggio di sole, cadere questa pioggia, secca e invisibile. «Non si vede», gli dicevano, invece si vedeva benissimo, lui c'aveva fatto l'occhio. «Non si

horrific one in which one finds oneself restricted to, confined to live in, reality, or at the very least, from its terrible squalor. At any rate, it releases that spring-mechanism that's most central to any doing, the thing that's the craziest, the most infantile: desire.

Even Shakespeare, who knows if *he* existed, and if *had* existed, who knows what he had *really* written and same with Homer, and Villon, and also "The Accomplished Maiden," and whoever else hasn't been mentioned yet, writers he isn't going to mention, and forget-about-the-rest-of-them, nobody is going to dust the books for him anyway. He'll just have to dust them all by himself. All the others have refused to. They all have one excuse or another. It wears him out having to dust them all. Up and down on the ladders. Pulling them out, per usual, always in one uncomfortable position or another, one foot higher than the other, his back twisted all around, his neck bent over, his head hitting the bookcase, his eyes blinded by the dust, with the risk of sneezing and falling off the ladder, of having to hang over from the ladder in order to reach the ones up there, the ones way up high, in those out-of-reach spots, twisting, bending, where they'd usually end up bent, half-hidden, half-ruined or else, completely wrecked, and, always, covered in dust.

There was so much dust in the city where he lived. Too much. As soon as he dusted them, the books were covered again in dust. It was a dust that fell continually. It was a relentless rain of dust. Incessant. Day and night. Nobody was aware of it or thought anything of it. He'd see it often in a ray of sun, the way this ran fell. Dry and invisible. "There's nothing there," they would say to him, but it could be seen perfectly clearly, he had the eye for it. "It can't be seen, it can't be touched." But he touched it. Nay, he felt it as it was falling. It was a rustling. Light but diffused. A shower of dry drops. A

sente, non si tocca», invece lui la toccava, persino la sentiva cadere. Era un fruscio lieve ma diffuso, una doccia di goccioline secche, un diluvio continuo che diventava un rombo assiduo e un gridìo. Il mondo ne era allagato e prima o poi ne sarebbe stato sommerso. È il destino di ogni presente: essere seppellito dal passato. La polvere è il passato, il mondo che va in rovina, si smantella, il presente. E quanto più si costruisce, si fa, si edifica, tanto più si scava, si sconficca, si distrugge, si solleva polvere, si accelera la disintegrazione, si avvicina la fine. Il mondo è sempre stato soggetto a un processo costante di polverizzazione, sotto l'azione degli elementi. All'origine la Terra era un caos di polvere che si è coagulata, ma da quando l'uomo ha alzato il gomito e ha preteso di farla da padrone e abbatte, incendia, trincia, trivella, taglia, lima, trafigge, semina, diffonde, sbriciola, sminuzza, spara, deflagra, dissipa risorse accumulate nei secoli dei secoli, la polvere è aumentata in modo esponenziale, è diventata una nuvola sempre più fitta che lo circonda e che lo sta seppellendo. Il processo si è accelerato vertiginosamente. Si fanno sempre più viaggi, spostamenti, giri, in tutti i modi, con tutti i mezzi. La gente trasloca e solleva polvere, tonnellate di polvere. Il regno dell'abbondanza, abbondanza di polvere, ecco il prezzo da pagare. Basta scuotere un calzino dal balcone per vedere un *tourbillon* di particelle che si agitano furiosamente. È difficile immaginare quanta polvere rabbiosa fa un bambino che salta giocando, uno straccio innocuo agitato al davanzale di una

continual deluge that had become an assiduous roar and a scream. The world had become a lake and sooner or later it was going to go under: It is the destiny of each present moment: to be buried by the past. Dust is the past, the world going to ruin, dismantling the present. And the more one builds up, one does, one erects, the more, by implication, one will excavate, extract, destroy, raise dust, accelerate disintegration, hasten the end. The world has always been subject to a constant process of pulverization, subject to the forces of the elements. In the beginning, Earth was a chaos of dust that coagulated. But from the time Man first flapped his wing-bone, and pretended to be in charge, and hewed, chopped, cleared and burned, implemented an augur, cut down woods, sharpened a tool, punctured a hide, sowed, scattered, crushed, pulverized, shot a shot, exploded, spent in short the resources accumulated over centuries and centuries, dust has accumulated exponentially, and has, ever since, become an increasingly dense cloud that surrounds it and is, in the process, burying it. This process speeds up exponentially: There are more journeys. More displacements. More getaways: by all modes. by all means. people relocate and kick up dust. Tons, just tons, tons of dust. A reign of abundance. An abundance of dust. That's the price. All you have to do is stand on the balcony and shake out a sock. See the little frenzy of particles swirling around. Or some everyday rag getting a good shaking-out outside an open window. Or a pigeon that's flapping its wings at take-off. A dog shaking its tail. A street worker who's ripping down a poster. A lady who's balancing on high heels. A pocket getting emptied. A cell phone getting dialed. Just imagine the dust kicked up in a horn blast, a truck rolling past, an earth mover, a terrorist attempt, an atomic explosion.

An imperceptible mantle falls from the sky and covers the world. It ends up everywhere. Covers everything. In silence.

finestra, un piccione che sbatte le ali per decollare, un cane che scuote la coda, un uomo *michelin* che scappa da un cartellone pubblicitario, una donna che cammina sui tacchi a spillo, una tasca svuotata, la digitazione di un telefonino, figuriamoci un clacson, un tir, un jet, un caterpillar, un attentato terroristico, un'esplosione atomica.

Un manto impalpabile scende dal cielo e ricopre. Arriva dappertutto, copre tutto, silenziosamente. L'apocalisse quotidiana. La vera rivelazione. La soluzione finale. L'ombra che si allunga dietro la materia. Perché andare lontano, fare viaggi estenuanti, andarla a cercare chissà dove, in capo al mondo, per scoprirla, per possederla. Eccola lì, davanti ai nostri occhi, se abbiamo occhi aperti per guardarla, per vederla, orecchie per sentirla. È lì, sui libri, sopra, sotto, la rivelazione. Dappertutto. Non fa differenze. È ugualitaria, democratica, uniformatrice, elimina le differenze. Si deposita lenta, su tutte le cose. Anche dentro di noi, nella nostra mente, sulle nostre parole, i nostri sentimenti, pensieri, penetra, attraverso condotti, tubi, orifizi, nelle circonvoluzioni interne, fino al centro dell'anima, nella *sancta sanctorum*. Non è diventato sempre più confuso, ultimamente, il mondo in cui la gente parla e il modo, il modo? Copre anche i dendriti, li attacca, li intorpidisce, allenta la lingua, e non va più via di lì. È la causa principale di stanchezza, depressione, emicranie, sindromi qui e sindromi là. È il tempo che passa e non torna più indietro. È la confusione che viene avanti, subito dopo tutti

The everyday apocalypse. The real revelation. The final solution. The shadow lengthening behind all matter. For the purpose of going far, taking exhausting journeys, going there in search of who knows where, the top of the world, in order to discover it, in order to have possession of it. And there it is, right in front of our eyes, if we have open eyes to look at it, to see it, ears to hear it. It's right there. On books. On top of them. Under them. The revelation. Everywhere. It comes to the same thing. It's egalitarian. Democratic. It's a great equalizer of the playing field. It eliminates differences. It deposits lint on every thing. Even inside of us. Inside our minds, on our words, our feelings, our thoughts, it infuses them, by means of canals, tubes, orifices, through internal convolutions, right to the heart of the soul, into the *sancta sanctorum*. Hasn't the world, and the way in which, people communicate, become increasingly more confusing? It even covers the dendrites. It attaches to them. It deadens them. Slackens speech. And never dislodges itself from there. It's the primary cause of fatigue, depression, migraines, loss of memory, this syndrome, that syndrome. It is time passing and not coming back no more no more. It is the confusion that wells up just after all the earnest efforts to put everything back in order. Just trimmed, like hair, fingernails, they grow back. We're dust, too, and unto dust we shall return. Also stars, the other celestial bodies, the universe. The cosmos was born from an infinitesimal grain of energy exploded into billions of dust particles from which galaxies were born, and the stars, the sun, and the planets. The Earth is compressed dust, one gigantic dust-ball. The limpid Moon is a splendid desert of dust on which man had to leave his dusty footprint, dust on dust, in order to pick up some of that dust. Billions and billions of particles. Billions and billions of stars. Billions and billions of moons, minor moons, major moons, planets, minor planets, stars, minor stars, named and as-yet undiscovered.

i tentativi faticosi di ristabilire l'ordine. Appena tolta, come i capelli, le unghie, ricresce. Anche noi siamo polvere e nella polvere ritorniamo. Anche le stelle, gli altri corpi celesti, l'universo. Il cosmo è nato da un granello infinitesimale di energia esplosa in miliardi di granelli di polvere, da cui sono nate le galassie, le stelle, il sole, i pianeti. La Terra è polvere condensata, una palla enorme di polvere e la Luna, la candida luna, è uno splendido deserto di polvere su cui l'uomo ha dovuto lasciare la sua polverosa impronta, polvere nella polvere, per sollevare un po' di polvere. Miliardi e miliardi di particelle. Miliardi e miliardi di stelle. Miliardi e miliardi di miliardi di lune, lunette, lunotte, pianeti, pianetini, stelle, stelline, note e sconosciute, con vita e senza. Anche gli uomini sono miliardi, come le formiche…

Questo pensiero dei miliardi non gli garbava affatto, lo stancava. Quando ci arrivava a pensarci provava un senso di nausea, come se riguardasse più lo stomaco che il suo cervello. Era stanco di pensare, gli veniva il malditesta. E allora si stancava di guardare anche la polvere, di sentirla. Anche i libri, sempre pieni di sussiego e di polvere, lo stancavano. Si esasperava, non ne poteva più. Basta. Li odiava i libri, con tutta quella loro maledetta polvere addosso. Li scaraventava per terra, li sbatteva contro il muro, «te la faccio vedere io la polvere!», li prendeva a calci, strappava le pagine, prendeva un accendino e li bruciava: «al rogo!», pagina dopo pagina. Tutte quelle balle condensate, piccole, sesquipedali castronerie, tutte fandonie, quelle scemenze polverose da rimbambiti. La

With life and without. Billions of human beings, as well, like
ants. . .

This train of thought about billions held no pleasure for
him, in fact, it exhausted him. When he was caught up thinking
about it, it made him nauseated, as if it affected his stomach
more than his brain. He was tired of thinking, he'd gotten a
headache. And now he was sick of the sight of dust, he was sick
of hearing about it. Books too. Always so full of themselves.
And full of dust. He was tired of them. He was exasperated. He
couldn't go on. Enough. He hated books. With all of their
damned dust on their backs and spines and covers. He threw
them onto the floor. He hurled them against the wall. "I'll teach
you something about dust!" He kicked them. He ripped out
pages. He got a Bic and lit them on fire: "To the stakes!" Page
after page. All those abridged confabulations, narrow-minded
sesquipedalian foolishness, all that cock-and-bull, all those stu-
pidities dusty with cuckoo-talk. Wisdom! Who even reads
books anymore? Who had time to read? Who was even brave
enough to cover his or her hands, lungs, brain, dust? To rehash
Zeus' blusterings? Minerva's same old tricks? that she springs
out one fine morning from Zeus' head. Or Apollo – that he
strums away on the lyre. That Bacchus frees Ariadne. Hermes,
with his wingéd shoes. Aristotle's rigmarole. The ponderous di-
alogues of Plato – very thought-provoking, very entertaining.

sapienza! Ma chi li legge più i libri? Chi aveva più il tempo? Chi aveva più il coraggio di riempirsi le mani, i polmoni, il cervello di polvere? Per ripetere le spacconate di Zeus, i soliti vecchi trucchi di Minerva, che esce fuori un bel mattino dal cervello di Zeus, di Apollo, che strimpella l'arpa, di Bacco che libera Arianna, di Hermes con i calzari alati, le tiritere di Aristotele, i dialoghi seriosi di Platone, molto suggestivi, molto divertenti, le domande tranello di Socrate, le rispostine facili-facili e zac la fregatura, il povero sofista con le braghe a terra, che cade in contraddizione, e se ci avesse preso tutti in giro, con la storia dell'iperuranio, della reincarnazione, della trasmigrazione delle anime, ah ah ah, e Amore, Eros, il bimbetto monello con l'arco e le frecce, e Pan e Orfeo, i miti, i motti... Amleto e dio? Dio, Dio, Dio, che parla ai profeti, che detta legge, che s'arrabbia, s'ingelosisce, minaccia, che parla ai profeti, fa stragi, le giustifica... ma dov'è? Dov'è Dio? Chi l'ha visto? Si è smarrito, anche lui, come le persone del programma televisivo? Si è nascosto nell'armadio? Qual è l'origine della polvere, la fontana?

Socrates trick-questions. The quick-reply, that's easy! and blammo! Wrong, Idiot, the poor stupid sophist caught with his pants down. Defeated by contradictions. And if only he had just had some fun with it, with the whole deal about hyperurania, about reincarnation, about the transmigration of the souls, ah and ah and ah, and Love, Eros, the little guy, the cute baby with the bow and arrow, *and* Pan and Orpheus, the myths, the maxims. . . Hamlet and god. God, God, God. Who talks to the prophets. Who speaks the laws. Who becomes enraged. Who becomes jealous. Threatens. Who speaks to the prophets. Makes massacres. Justifies them. . . . So where is he? where is God? who's seen him? has he signed off, too, like the TV personalities do? is he hidden away in an armoire somewhere? and just what's the origin of dust anyway? the fountain?

FOIBA

Avevo parcheggiato la macchina dall'altra parte della piazza di Carneto Inferi. Quindi dovevo attraversare tutta la piazza per arrivarci. Era una piazza irregolare, oblunga, a tratti spigolosa, di cui non si vedeva la fine. Tutto il paese era praticamente quella piazza.

Per fare prima, passai in mezzo alla piazza, dove c'era un giardinetto, con un gruppetto di alberi al centro. Ci fu un tizio, un signore anziano, con il bastone, che me lo sconsigliò, ma io non gli diedi retta, avevo fretta e non avevo tempo per le storie.

Seguo una stradercola da cani e infatti ci sono due cani che mi sorpassano veloci. Bene, andiamo dietro i cani. Il sentiero, prima in lieve salita, poi in discesa, si addentra in un boschetto. Aumento il passo. Il bosco diventa sempre più rigoglioso e a un certo punto non vedo che tronchi, rami, foglie. Il sentiero è quasi scomparso. Mi chiedo se non sia meglio tornare indietro, ma mi sono spinto così avanti che non saprei neanche più dire dov'è il dietro. Il più è sapere dov'è il davanti: quindi vado avanti. Il sentiero si biforca. Dei due, prendo il sentiero che mi sembra più nitido. Sento abbaiare e una voce sembra chiamare aiuto. Vado dietro la voce. Vedo dei rami spezzati, erba calpestata, ma nessuna impronta nitida, nessuno. La discesa diventa ripida, il sentiero confuso si perde in un cespuglio.

Torno indietro, ma perdo la strada nel fogliame e non ritrovo più la biforcazione. Il terreno, scosceso e disordinato, diventa sempre più cedevole e sdruccioloso. Vado indietro. Tanto vale andare. Da qualche parte arriverò, no? Un tappeto di foglie umide mi fa perdere l'equilibrio e ruzzolare a terra. I mocassini non sono l'ideale per questa gita non prevista. Ma dove sono capitato? Pensare che...

DOLINE

I had parked the car in the other part of the Piazza di Carneto Inferi where I'd circled around the entire piazza before ending up here. It was an irregular piazza, oblong, with sharp angles that never came to an end. The whole town practically consisted of that piazza.

First thing, I passed through the middle of the piazza, where there was a little park, with a small group of trees in the center. There was a guy, an ancient gentleman, with a cane, who warned me about it, but I didn't pay attention to him, I was in a hurry and didn't have time for some story.

I follow a street cramped tight as a pack of dogs and in fact two dogs pass by me in a rush. Okay fine then, we'll follow the dogs. The path, first a slight incline, then a decline, you enter into a little woods. I pick up the pace. The woods become more lush and at a certain point I only see tree trunks, branches, leaves. The path has almost disappeared. I ask myself if it would be better to turn back, but I've gone so far into it that I couldn't even say where behind is. It's challenge enough to know what forward is: so I go forward. The path forks. Of the two, I take the path that seems clearer. I hear barking and a voice that seems to be calling for help. I go towards the voice. I see some broken branches, trampled grass, but no clear imprint, no person. The descent becomes steep, the indistinct path gets lost in a bush.

I turn back, but lose my way in the dense foliage and don't find the place where the path forked into two. The ground, steep and unstable, becomes even looser and slippery. Loafers aren't ideal for this kind of unplanned jaunt. Where have I ended up? To think that. . .

I rally. I look around: I find myself in a forest that's one big thicket. There's no one here. No voice, only a murmuring,

Mi rialzo. Mi guardo intorno: mi trovo in mezzo a una foresta intricata. Non c'è nessuno. Nessuna voce, solo un sussurrio, un fremito. Eppure… Ho perso l'orientamento, comincio a preoccuparmi. Mi pulisco i pantaloni, la cravatta e la giacca, appena stirati, dai rami, dalle foglie, dal fango. Cerco di trovare un punto di riferimento. C'è un ronzio continuo di vespe che, ascoltandolo bene, si rivela essere un mormorio, uno scorrere di acque, forse con una voce in mezzo. Vado verso la sorgente di quel mormorio, di quella voce.

La foresta diventa sempre più contorta. Spini si attaccano ai vestiti, li lacerano, entrano da soli nella pelle. Prima fanno il solletico, poi graffiano, tagliano, fanno male. Il mormorio si è trasformato nel rimbombo di un mare lontano, l'infrangersi delle onde in una conchiglia.

Scivolo, cado, mi rialzo. Mi attacco con le mani agli arbusti: all'inizio reggono, ma poi slittano, si contorcono, tendono a sottrarsi, oppure si spezzano e mi spingono giù. E più scendo e più quel rimbombo mi sembra un fragore che viene da sottoterra, un grido.

Un grigiore monotono che s'infiltra tra le cose, una foschia di goccioline minuscole che cancella i contorni.

Mi sembra di vedere una donna inseguita da un cane, mi metto a correre, ma sono un cespuglio e un albero che si torcono davanti. La terra sotto i piedi è nascosta, piena di avvallamenti, sempre più franosa.

Continuo a scendere. Quel gridìo è diventato un profondo ansimare con delle parole indistinte, là sotto. Mi fermo. Cerco di decifrarle e vedo una fila indaffarata di formiche rosse con una grossa preda, forse una cicala, molto più grande di loro, che sale un tronco nero di traverso, attorcigliato di rampicanti. La fisso per un po', come se quelle formiche, mi potessero indicare la strada, una via d'uscita. Anch'io devo scavalcarlo e

rustling. So now what. . . I've lost my sense of orientation, I've started to worry. I wipe my pants, my tie, my jacket (newly pressed) brush off twigs, leaves, mud. I try to find a point of reference. There's a continuous buzzing, wasps, which, listening closely, turns out to be a babbling, water running, maybe with a voice in there in the middle of it. I walk toward the source of that babbling, of that voice.

The forest becomes more twisted. Thorns stick to my clothing, tear it, prick the surface of the skin. First they tickle, then they scratch, they cut, hurt. The babbling changes into the roaring of a far-off sea, the breaking of waves in a conch.

I slip. I fall. I get up. My hands grasp at bushes: at first it supports me but then they slide away and twist, limbs stretched to the limit. Or then they snap and I'm sent sprawling. And the lower down I go, the louder the roar, and it seems to me an uproar that comes from underground, a cry.

There's a grayish monotone that infiltrates things, a mist of miniscule droplets that's negating the surroundings.

I continue to go down. That yelling has become a deep gasping, with indistinct words, there, down below. I stop. I try to decipher it and see a line of red ants busy with the prey, maybe a cicada, much larger than them, climbing over a slanted, black tree trunk–winding its way, climbing. I stare at it for a while, as if those ants can point out the way, an exit route. I need to climb over the trunk too and follow the ants. They know the way. But the trunk isn't steady, no place to climb it, it's collapsing at the bottom.

Things around me are not fixed in place as they seem, they're descending along with me; they, too, are rolling downward.

Oh, there's no one? is that possible? No one who's calling me? or am I playing a part in a scene that's already in action?

I move into the space and space around me moves along

andare dietro le formiche. Le formiche la sanno lunga. Ma il tronco si sposta da solo, non occorre scavalcarlo, sprofonda in basso. Le cose intorno a me non sono immobili come sembrano, scendono con me, vanno a rotoloni anche loro.

Ehi non c'è nessuno, possibile? Chi mi chiama o è tutta una messa in scena?

Mi muovo nello spazio e lo spazio intorno a me si muove con me, come se avessi una coda invisibile che se lo trascina dietro. Dove sono capitato, in che razza di mondo?

Com'è possibile un simile delirio in mezzo a un centro abitato?

Quanto tempo è passato? Ho lasciato l'orologio e il telefonino in macchina.

Dov'è la macchina? Un istante, pochi minuti, forse mezz'ora, forse un'ora? Quanto tempo è passato?

Mi sembra di esserci caduto da sempre, destinato a me un posto del genere? E ci sono scivolato dentro senza accorgermi di scivolarci dentro. C'era sempre stato qualcosa di strano, ultimamente, un mistero, qualcosa che non capivo, non avevo osato chiedere, un'ombra dietro, ma che sentivo prima o poi mi avrebbe agguantato.

Chi parla, cosa avete da dire dietro i tronchi, chi è là? Ehi voi, quelle faccette lì, tra i cespugli? È tutto uno scherzo? Chi ha potuto architettare questo scherzo del menga? Che cosa portano le mie spalle appeso dietro, che pesce di aprile della malora mi avete attaccato? Ehi, non mi state dietro, via di lì! La sapete la storiella della rana e del topo, no? Volete fare la fine della rana?

Niente, nessuno. Dove sono capitato? Ehi?

Basta, adesso basta. Devo ragionare. C'erano tre alberi che sono diventati una foresta, e va bene. Che c'è di strano? Capita. All'andata, quando ero stato nel negozio a portare il catalogo,

with me, as if I had an invisible tail dragging along behind me. In what category of world have I ended up?

How is this kind of delirium possible in the middle of a population center?

How much time has elapsed? I left my watch and cell phone in the car.

Where's the car? an instant? a few minutes? maybe a half hour, maybe an hour. How much time has gone by?

Do I seem to have always been falling, ending up by my own doing in a place like this? And inside there has been some slippage without my being aware of this slide. There had always been something strange, when it comes down to it, it's a mystery, something I hadn't understood, that I hadn't dared to ask about, a shadow behind it, but which I felt sooner or later would grab me.

Who speaks, what do you have to say behind the trunks, who's there? hey you, with those faces there, among the bushes? Is it all joke? Who could have fabricated this joke of Manga-life? What's that lifting me up and carrying me by the shoulders from behind? What's this, an April fool's joke? Hey! don't stand behind me, get away! You know that little tale of the frog and the mouse, right? Do you want to end up like little froggie?

Nothing. Nobody. Where have I wound up? Huh?!

That's enough. That's enough of this now. I've got to think clearly. There were three trees that turned into a forest. Okay. What's weird about that? It happens. When I started out, when I was in the store getting the brochure, I hadn't noticed this forest. This happens, too. And then that voice that turned into a. . . racket. But there was the stern face of store owner, who was mumbling everything. That should have been a sign. But I didn't see it. My usual inattention.

The heavy breathing became a roar, a general commotion

non l'avevo notata questa foresta. Capita anche questo. E poi quella voce che diventa un… baccano. Però quella faccia lunga del negoziante, che si mangiava le parole, aveva fatto un'allusione. Non l'ho afferrata. La solita mia disattenzione.

Il rantolo è diventato un frastuono, un sommovimento generale in cui le ombre tirano per i capelli i rami degli alberi. Radici, come molle di un giocattolo rotto, scattano fuori dal terreno e dal fogliame, si scuotono la terra di dosso, prendono a scudisciate la schiena dell'aria e il mio fondoschiena.

È assurdo, è tutto assurdo, un'allusione…

Finalmente intravedo un'apertura, un chiarore. C'è una speranza. Da uno squarcio semi-nascosto da rovi e ortiche, salgono lame di luce. Scendo ancora, ma non sono io a muovermi, è tutto intorno a me che si muove, sprofonda. E a cinquanta metri dai miei piedi si spalanca una voragine. Un imbuto di pietra bianca con un buco in fondo. Da quel buco soffia un vento di risucchio. Un alito che aspira vorticoso, una bufera di ghiaccio, aghi di pino, fronde, pulviscolo. Nascono e muoiono vortici all'istante. Non riesco più a risalire. Faccio un passo in su e due in giù.

Il boia si avvicina. I rami sempre più fragili frantumano tra le dita bicchierini di cristallo sottile. La camicia strappata, le braccia, le mani piene di graffi, un rigagnolo mi cola dalle tempie, entra negli occhi, brucia. Mi fischiano le orecchie, mi pulsano le tempie. Da soli affiorano dei ricordi.

I piccoli bicchieri di cristallo colorato che una volta la nonna Pina aveva tirato fuori dalla credenza, con incisi fiori, piante, animali, c'era un raggio obliquo nel buio della cucina che illuminava quei bicchieri come vetrate di una cattedrale. Li rivedo davanti a me così identici precisi che non so se sfilano fuori, oggetti reali della catastrofe in cui sto sprofondando o se mi passano per la mente, risvegliati dal terrore. C'era anche una trombetta di vetro che mi ero messa in bocca e i vetri mi

where the shadows grabbed the branches of the trees by the roots and pulled. Roots, scattered over the ground and leaves, like springs from a broken toy, shook off the earth, started lashing the air and at my lower back.

It's absurd. It's all absurd. An allusion. . . .

Finally, a glimpse of an opening. A glimmer. There's some hope. I keep climbing upward in a blade of light in an almost hidden opening in the blackberries and nettles. I'm going down again, but it's not me moving, it's everything around me that's moving, going downward. And fifty yards away from my feet is the edge of a gaping abyss. A funnel of white stone with a hole at the bottom. A whirlwind is giving off gusts from that hole. Exhaling gusts, a swirling, an ice storm, pine needles, fronds, dust. Whirlwinds spring to life, die out, in an instant. I can't manage to start climbing again. I go one step upward, two down.

The hangman's closing in. Branches even more fragile than delicate crystal snap off between fingers. The arms and hands are covered with scratches, a trickle is running down my temples, into my eyes, it stings. My ears are ringing. My temples are throbbing. Memories blossom of their own accord.

The small glasses of tinted crystal that my grandmother Pina used to pull out of the breakfront one time; they were etched with plants and animals, and there was a slanted ray in the dark kitchen that lit up those glasses like the stained glass windows of a cathedral. I see them ahead of me, the same, identical, so much so that I don't know if they're lined up outside, real objects in the catastrophe into which I'm going deeper and deeper, or if they're only in my mind, reactivated by the trauma. There was even the glass trumpet that I'd put into my mouth, and the shards of glass that had cut my tongue.

avevano tagliato la lingua. La nonna mi estrae i vetri dalla bocca, uno a uno, davanti alla specchiera con gli angeli ridenti sulla cornice d'oro. Le lacrime mi entrano in bocca e si mescolano al sangue.

Un vuuu esce da quel buco, che a volte fa tuoo tu, tuu e tu, come se volesse avvertirmi di qualcosa, prima di ritornare uuuu uniforme, che poi varia in un kloppete-kloppete di cavalli, e in uno sklang di lance che s'incrociano, hiiii di nitriti. Un diluvio di rami, di pietre e di polvere ruota precipitando in quel buco. E dopo quella di mia nonna pare la faccia del nonno, quella di mio padre, di mia madre, di mia sorella, di mia moglie, maschere di carnevale dei miei colleghi che sputano stelle filanti, sberleffi, grifi, gole spalancate, dentiere, un ferro da stiro, un prete, una slitta di legno, il muso di buc, lettere accartocciate, il gatto che cammina sulla ringhiera, un cavalluccio a dondolo che si spacca in due in tre, dei libri che cadendo aprono le pagine, e una a una si staccano, una va giù più lentamente, un'altra sale nell'aria vorticosa con una stella alpina seccata che si polverizza in una manciata di coriandoli che si trasforma in uno sciame che mi assale.

Roteo le braccia nel vuoto per respingere legioni con una spada, ma non ho nessuna spada in mano e perdo solo terreno sotto i piedi.

L'urlo della voragine è diventato così lacerante che non sento più niente, come se fossi precipitato in una bolla di silenzio.

Nella quiete improvvisa posso vedere lo sbocco dell'inghiottitoio, sempre più vicino. Il buco è più largo di quanto non sembrasse. Esso è costituito da una serie di cerchi concentrici di marmo affilato e liscio. Crepe ferrigne e rossicce lo fendono a raggiera. S'intravedono incise delle specie di x y z, e omini con frecce, tomahawk, corna.

My grandmother pulled the pieces of glass out one by one in front of a large mirror with laughing angels on a gold frame. Tears ran into my mouth and got mixed in with the blood.

A whoo is coming out of that hole, that sometimes turns into oooh, oh, whish, as if it wants to warn me about something, before it reverts to a standard whoo. Then varied as a clip-clop of horses, and in a clanging of crossing lances. The hiiii of nitrites. A cascading of branches, of stones, and swirls of dust gathering in that hole. And then the face of my grandmother looks like my grandfather's face, my father's face, my mother's, like my sister's, my wife's, carnival masks, looking like my co-workers popping out of shooting stars, grimacing, sneering, mouth's hanging wide open, false teeth, an iron, a bed-warmer, a wooden sled, a pirate's ugly mug, letters rolled into scrolls, the cat that walks on railings, a rocking horse broken into two or three pieces, some books that in falling open have pages, which one by one are ripped out, and one falls out more gently, another lifts into the air in a little wind-devil with a dried edelweiss that crumbles in a handful of confetti that transformed into a swarm that attacks me. I circle my arm around in the empty air to fend of that multitude with a sword, but I have no sword in hand and all I accomplish is losing my footing instead.

The howl from the chasm has become so piercing I can hear nothing else, as if I've been hurled down into a bubble of silence.

In that sudden quiet I can see the outpouring from the ever-closer swallow-hole. The hole is bigger than it seemed. It consists of a series of concentric circles in a jagged, smooth marble. Iron- and rust-colored fissures radiate throughout it like sunrays. You can get a glimpse of a some kind of x y z incised there, and little men with arrows, tomahawks, animal horns.

Oltre c'è il vuoto.

Sono esausto, mi ci vorrei gettare. Forse potrei atterrare sul morbido o prima di schiantarmi mi spunterebbero le ali o forse bastano le braccia per volare se le agito rapidamente. Muovo su e giù le braccia, per vedere se riesco a prendere il volo. Non posso volare, la camicia e i pantaloni sono a brandelli. È tutto cambiato, ormai sono oltre, non riesco a muovermi, sono paralizzato, forse sono morto, sono nell'aldilà o nei paraggi. Forse è solo l'ingresso dell'ade, uno dei tanti, un tipo un po' strano. E allora?

Mi prendo a schiaffi. Cerco di svegliarmi, ma non mi posso svegliare perché sono in un sogno, perché non sono in un sogno, qui tutto a ramengo va. Esistono, quindi, posti così, dove la gente sparisce. Nessuno sa niente perché nessuno dice niente. Il testimone è stato ingoiato dalla sua testimonianza. Risultato: niente. Forse mi devo spogliare. Ho freddo, ho caldo. Mi do ancora schiaffi per vedere se è il caso di svegliare me, ma non riesco a muovere più un dito.

La realtà non cambia. Questa realtà così strana, imprevedibile, in continuo cambiamento, così poco razionale. Sono pesante, non posso volare, non mi posso spostare di un millimetro da dove sono. Adesso c'è una grande calma... mi sento una piuma.

Quello che c'era prima, quello che io ero prima, non c'è più. Mi volto verso la parete. Chiudo gli occhi. Guardo dentro di me. Ritorno a sentire il boato che è diventato un tuono continuo. Ed è un curvarsi di tutto nel buco anche il cielo come un lenzuolo ficcato nella lavatrice.

Mi aggrappo all'ultimo ramo sull'abisso. Vola via tutto. Un masso, smosso dai miei piedi, scende a sobbalzi. Rimane immobile per qualche secondo nel vuoto prima di precipitare nel buco, diventare un puntino e scomparire. Una frana di sassolini e terriccio lo insegue.

On the other side is void.

I am worn out; I'd like to throw myself into it. Maybe I'd have a soft landing or before crashing, I'd sprout wings, or maybe by flapping my arms really fast I'd have enough oomph to fly. I can't fly. My shirt and pants are in shreds. It's all changed, now I'm on the other side, I'm not able to move, I'm paralyzed, maybe I'm dead, I'm in the great beyond or in the general environs. Maybe it's just the entrance to Hades. One of many. One that's kind of strange. And now what?

I hit myself. I try to wake myself, but I can't wake myself because I'm in a dream, because I'm not in a dream; in this place where I am, everything is downhill from here. They do exist, places like this, places, where people disappear. No one knows anything about them, because no one says anything about them. The witness is swallowed up by the evidence. Final result: Nothing. Maybe I need to strip off my clothes. I'm cold, I'm hot. I hit myself again to see if there's a possibility of waking myself up, but I can't even move a finger.

The reality doesn't change. This reality. So strange, un-foreseen, in perpetual change, with so little of what's rational. I am heavy, I cannot fly, I cannot budge one inch from where I am. And now. . . there's a great calm… I feel like I'm a feather.

What I was before, what I was before, isn't there anymore. I turn towards the railing. I close my eyes. I look inside myself. I start to hear the roar which has become ongoing thunder. And it's a bending of everything into the hole, even the sky, like a sheet stuffed into the washing machine.

I catch hold of the last branch above the chasm. Every-thing flies off. A boulder, knocked loose by my shoes, bounces downward. For a few seconds before dropping over into the hole, it sits unmoving in that void, becoming then a little dot and disappearing. A landslide of pebbles and topsoil follows it.

Dopo alcuni secondi, lunghi come anni, sento *tinc*.

Un piede, ormai, una gamba, una mano, metà di me, il lato sinistro, oscillano nel vuoto, senza sostegno. In fondo all'abisso brilla un fiume.

Alberi, laghi e prati, un altro mondo si vede laggiù, alla fine del vuoto, case ponticelli di legno strade, minuziosi e nitidi come il plastico di un trenino.

Un uccello, una specie di piccolo sparviero, si appoggia con calma a uno di quei rami che sporgono sul buco, oscilla indolente, sospeso a quella vibrazione che sembra non smettere mai. Anche le foglie del ramo a cui si appoggia oscillano con lui.

Poi si tuffa nel vuoto, passa un attimo senza fine, un attimo eterno o lungo soltanto una vita, apre le ali e prende il volo.

After a few seconds, as long as years, I hear: *plink.*

A foot, and now, a leg, a hand, half of me, the left side, is swaying in the void, without any support. At the bottom of the hole – a sparkling river.

Trees, lakes and fields, you can tell it's another world down there, at the end of the void, wooden row houses, streets, minute and as sharply delineated as the plastic parts of a toy train.

A bird, a kind of hawk, is sitting with great calm on one of those lazily swaying branches which shoots over the hole, suspended on the vibration that seems like it's never going to quit. Even the leaves on the branch on which it's propped up are swaying with it.

Then it dives into the void, a moment that never ends goes by, an eternal moment or one only as long as one life; it opens its wings, takes flight.

L'ABISSO

Di giorno gli sembra di vederlo, in fondo a Milano, dalla finestra, ma forse sono solo delle nuvole. Ci arriva a piedi la notte. Dopo un quarto d'ora comincia a salire, tra picchi e burroni, il rombo delle cascate, il sentiero sassoso che diventa una parete, quasi verticale, che offre sempre meno appigli. È l'alba. Bisogna arrampicarsi con le nude mani, stando anche bene attenti a dove si mettono i piedi per non precipitare.

Se si supera la parete, in cima si spalanca una pianura vasta, brulla, silenziosa, fino all'orizzonte. Laggiù, a un certo punto, dove non c'è nient'altro, sgorga l'abisso.

THE CHASM

By day, he seems to be able to see it, below Milan, from the window. But maybe it's just some clouds. He goes to it, by foot. At night. After a quarter of an hour, he starts climbing, wending through peaks and ravines – the roar of the waterfall, the stony path that turns into a wall, almost straight up, which offers even fewer footholds. It's sunrise. He's got to scramble up using bare hands, staying alert to where he puts his feet in order not to plummet.

If one climbs over the wall, up at the top, a vast plain extends. Vast, bare, silent, all the way to the horizon line. Down below, at a certain spot, where there's nothing else, the chasm looms.

SGUARDO

Appoggiati alla spalletta del ponte, ci sono due modi di osservare il moto dell'acqua:

(1) accompagnare il movimento della corrente con il movimento degli occhi, assecondando la corrente, prendendo parte a essa.

(2) Fissare con uno sguardo immobile la corrente, rimanendone fuori.

Nel primo caso si vede una superficie liscia e nitida. In mezzo alla corrente, lo sguardo vede delle ondulazioni, delle bolle, dei mulinelli, si affianca ai relitti (un sacchetto, una bottiglia, la testa di una bambola, il copertone di un camion, la carogna di un topo), sale su di un ramo, ci cammina sopra, prima di oscillare, perdere l'equilibrio, capovolgersi. Si tuffa, sprofonda, risale a galla, si aggrappa a un tappo di sughero che scompare, ricompare, sparisce di nuovo.

Nel secondo caso lo sguardo non vede nulla di chiaro o di preciso, niente di riconoscibile. La corrente non lo trascina ma è tutto un ribollio sfocato, una contorsione di trecce, arborescenze, grifi, uccellastri, imprecazioni, da cui si alza e s'inabissa una scia abbagliante o un'opacità rigonfia. Ora fissa una zona ora un'altra della corrente, in su in giù, a sinistra, a destra ma la visuale non si snebbia, i contorni non si definiscono.

LOOKING

Leaning over the railing of a bridge, there are two ways of observing the water's motion.

(1) follow the current's movement with eye movement, keeping pace with the current, becoming part of it.

(2) set a fixed gaze upon the current, remaining outside it.

In the first example, one sees a smooth and clear surface. In the middle of the current, the gaze perceives undulations, bubbling, eddies, which edge in next to debris (a plastic sack, a bottle, a doll's head, a tire from a truck, a mouse carcass), it climbs over a tree branch, walks across it, just before wavering, losing its balance, and tumbling over. It plummets, sinks, bobs back to the surface, grabs hold of a cork made of cork that vanishes, resurfaces, disappears again.

In the second example, the method of gazing sees nothing clearly or with precision – nothing which is identifiable. The current doesn't drag it along, but rather it's one unfocused roil, convolutions of braids, one arborescence after another, snouts, deformed animals, cursing, from which leaps up and plunges down a dazzling wake or an opacity that is rising up again. Now it's entrenched in one area of the current, now another, upriver, downriver, to the left, to the right, but the fog over vision never clears. The outlines never become distinct.

Nel primo caso lo sguardo appartiene al movimento, ne segue la direzione, ne condivide la logica, ne diviene complice e lo comprende, ma il movimento lo trascina con sé, lo travolge, annegandolo, o facendolo schiantare, prima o poi, contro qualcosa di duro o di aspro: un pilastro, un cespuglio spinoso, uno scoglio di roccia o un macigno di cemento.

Nel secondo caso lo sguardo non si fa coinvolgere. Resta immobile, estraneo, al di qua del movimento, che gli scorre sotto, con i suoi oggetti, impetuoso. Di esso non distingue nulla di chiaro e non percepisce nient'altro che confusione.

In the first example, the gaze participates in the movement, it follows the flow, it shares its train of thought, it becomes an accomplice and it takes it in, but the movement drags it along with it, runs over it, negating it, or, sooner or later, smashing it, against something hard or spiky: a pylon, a thorn bush, a rock pile or blocks of cement.

In the second example, the gaze does not engage. It remains fixed. Removed. Outside the picture of the movement, which runs underneath, with its objects, impulsively. In this way, it distinguishes nothing of clarity and perceives nothing but confusion.

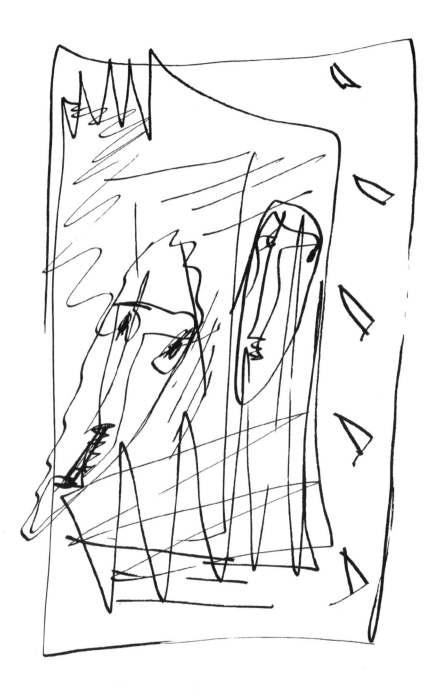

Narciso

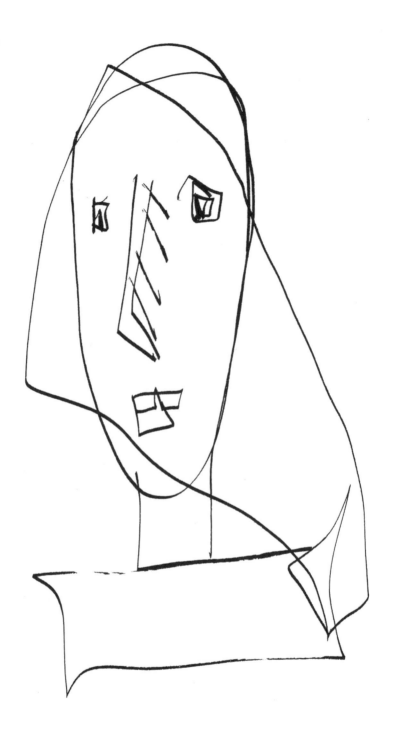

Medusa

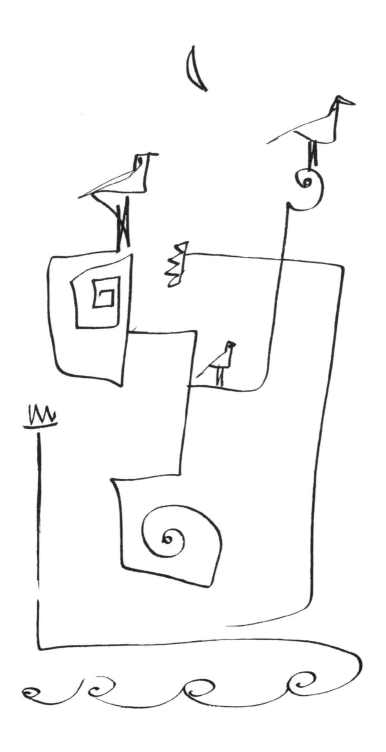

Le angosce

da
NARCISO

from
NARCISSUS
poems

NARCISO

scrivere vuol dire raddoppiare
entrare nello specchio e stare

al di qua
guardarsi guardare dall'aldilà

NARCISSUS

writing means doubling
entering into the mirror and being

away from here
looking at oneself from the over there

MEDUSA

dall'infinita meraviglia del vuoto
ti guarda l'appena morto

guardati dal suo sguardo
vuoto di meraviglia infinita

MEDUSA

from the infinite marvel of the void
she looks at you: death immediate

look at yourself from her stare
devoid of infinite thrill

LIMBO

né caldo né freddo
né grigio né azzurro

un volo di nulla
mattini soavi

LIMBO

not cold not hot
neither gray nor azure

nothing's flight
pleasant mornings

CREPA

una crepa del terreno che risale
lungo il muro fino al tetto della casa e oltre

l'orizzonte vi s'infila
una nuvola fuoriesce

CRACK

a crack in the ground that runs
up the wall as far as the roof of the house and beyond

the horizon line threads
through it, a cloud opens up

RELIQUIE

sulle panchine lasciate vuote
resta l'aria dei seduti

la trasparenza dei corpi
l'oro invisibile dei loro sguardi

RELICS

on the benches vacated by the sitters
sits the air they left there

the transparency of their bodies
the invisible gold of their gazes

DOPPIO

c'è una voce che ripete ciò che dico
nella mia voce mentre io lo dico

tutto capita un'altra volta
mentre capita una volta

DOUBLE

there's a voice that repeats whatever I'm saying
in my own voice at the same time I'm saying it

it's all happening one more time
as it happens once

CONTESA

appena sgombrata scacchiera
eppure vi si avverte ancora la partita

non si arrende lo sconfitto sovrano
e il vincitore teme ancora

CONTEST

the chessboard scarcely cleared
yet the player still moves pieces

won't concede to being loser supreme
and the winner still fears

GLI INVISIBILI

in ogni cascata
si gettano gli invisibili

si sentono i loro tonfi
i gridi

THE INVISIBLE

the invisible hurl themselves
into every waterfall

one hears their thuds
the screams

DISTRAZIONE

ho una nuvola in mano
che non mi lascia

in fondo alla stanza uccelli feriti
battono invano le ali

DISTRACTIONS

I have a cloud in hand
that will not go away

below this room wounded birds
uselessly beat their wings

LE ANGOSCE

hanno tempo
cappucci ai piedi

non fanno gesti
non si fanno

toccare non
parlano

sono accanto
sottili

THE AGONIES

they have time on their hands
pointy shoes

they make no gestures
they do not do

touching no
talking

they are proximate
so slight

LE ANSIE

faranno domande
da non esitare

risposte vogliono
da non ascoltare

come gole del vento
corde scosse di vuoto

hanno becchi
senza tregua

se ti volti
non ci sono

sono dietro

THE ANXIETIES

they'll ask questions
without hesitating

they want answers
they don't listen to

they're like wind tunnels
ropes swinging inside the infinite pit

they have beaks
rapid-fire no ceasefire

if you turn
they aren't there

they're behind you

LE OSSESSIONI

hanno volti
parole normali

hanno ragione
ma non si può

non sentono
non hanno tempo

hanno circondato
hanno tolto

scavano
con aguzzi picconi

sono dentro

THE OBSESSIONS

they have faces
everyday words

they have the capability of reason
but can't

they aren't sentient
they have no sense of time

they've surrounded
they've taken

they dig
with honed pick-axes

oh and they are inside

LA FELICITÁ

camminando per la via
l'ho vista davanti

né grande né piccola
né bella né brutta

né invisibile né visibile
era lì dietro un cancello

HAPPINESS

walking along the path
i saw it before me

neither large nor small
neither beautiful nor ugly

neither invisible nor visible
it was there on the other side of a gate

LA LIBERTÁ

la torre batte l'una
un sasso rotola in fondo

le strade del mondo
illumina la luna

sdraiarsi sull'erba
guardare le stelle

dimenticarsi

LIBERTY

the clock tower strikes one
a stone rolls downhill

the roads of the world
illuminate the moon

stretched out on the grass
looking at the stars

forgetting about yourself

LA PACE

la pagina bianca
la tv spenta

la polvere lenta
che fa tabula rasa

PEACE

white page
TV off

dust settles
which wipes that slate clean

INVERNO

rondini strapiombano in cortile
sfiorano i fiori l'erbe i muri

come avessero urgenza trovare
qualcosa smarrito e via ripartire

con il loro ruotare abbandonato
nell'umido calore della terra

al muro all'erba
ai fiori

WINTER

swallows jutting over the courtyard ledge
grasses flowers shouldering up against the walls

as if they were urgently trying to find something
dazzling and be on their sweet way again

with their spinning in abandon
in the earth's humid heat

by the wall of grass
of flowers

ESTATE

amo spogliarmi
sciogliere al sole

l'interna ombra
e in una conchiglia

sentirmi ascoltare
parlarmi sottovoce

e in una conchiglia
sentire il disfarsi

e rifarsi del mondo
la lenta rovina

del tempo che toglie
ricopre

SUMMER

I like to strip myself naked
dissolve the internal shade

in the sun and hear my
listening from inside

a shell speaking
to myself in low voice

from inside a shell
hearing unmaking

remaking of world
slow undoing

of time that takes away
and lays cover upon again

3 gennaio

6 gennaio

da
CALENDARIO DI SABBIA

from
CALENDAR OF SAND

3 gennaio

mentre san giorgio
combatte col drago

la volpe e il gatto
impiccano pinocchio

january 3

while saint george
does battle with the dragon

the fox and the cat
hang pinocchio

6 gennaio

lancia la rete il pescatore
scava il minatore nella roccia

due formiche s'ammusano
esplode una super-nova

january 6

the fisherman casts his net
the miner breaks rock

two ants engage in divertissement
a supernova explodes

roditori

mentre tastoni
li vai cercando avanti

dietro
silenziosamente

le opere le ore i sogni
stanno scavandoti

rodents

groping
you make your way forward searching

while behind you
silently

work hours dreams
are excavators

meridiana

in nome della legge lo gnomone
origo ordinis index immobilis

scandisce sul quadrante il cambiamento
solstizi equinozi tramonti aurore

il moto dell'ombra formula il tempo
l'errore si sottomette alla regola

sundial

in the name of the law of the gnomon
origo ordinis index immobilis

the shift marks the quadrant
solstices equinoxes sunsets dawns

the sweep of shade formulates time
error submits to constraint

clessidra

il tempo si divide in due contrari
uguali imbuti uniti per la coda

il futuro è un risucchio a capofitto
che da un mucchio rapina a un altro mucchio

volatile istante un granello atterra
rimbalza sugli altri si fa passato

hourglass

time is divided into two opposing
equal funnels joined by a neck

the future is a headfirst eddy
that forms into one heap steals from another heap

a volatile instant: one grain lands
bounces on the back of the others makes itself past

foliot

l'orologio nacque quando fu attuato
quel meccanismo noto con il nome

di scappamento a verga con foliot
dispositivo che attraverso il moto

uguale e alternato di un bilanciere
incarna lo stillicidio del mondo

foliot

the clock was born
when that well-known mechanism with the name

verge-and-foliot-escapement-device
was actualized the means by which equal-and-alternate

motion of a balance incarnates the trickling away
of the world

orologi e cannoni (1300)

la scansione meccanica del tempo
delle armi gemella nasce dal fuoco:

i primi costruttori di orologi
fabbricavano bombarde e cannoni

serrami pentole, stanghe cerchioni
per carrozze, facevano i magnani

clocks and cannons (1300)

the mechanical measurement of time's twin weapons
was born of fire:

the first assemblers of clocks
built bombards and cannons

locks, pots, metal rims
for carriages, they created locksmiths

l'orologeria (1400-1600)

poi fu inventato l'orologio a molla
che permetteva orologi tascabili

dotati di lancetta dei minuti.
grazie a galilei e huygens fu creato

l'orologio a pendolo, il più preciso
dei *congegni* fin'allora costruiti

clockmaking (1400-1600)

then watches with springs were invented
which permitted pocket-watches

equipped with minute hands.
thanks to the galileos and the huygens

the pendulum clock was created, the most
perfect of all *devices* up till then constructed

l'orologio di strasburgo (1574)

l'orologio astronomico a strasburgo
è combinazione di planetarium

orologio calendario effemeride.
l'orologio indica l'ora solare

del sorgere e del tramonto del sole,
ora solare media e ora siderea

della luna e del sole feste santi
i martiri, i solstizi gli equinozi.

successione di figure allegoriche
i giorni della settimana viaggiano

su carri tra le nuvole, apparendo
scomparendo a turno, su un altro piano

un genio tiene in mano una campana
e batte con lo scettro il primo tocco

gli altri rintocchi vengono scanditi
dall'età dell'uomo: un bambino, un giovane

un adulto, un vecchio. la morte delle
ore con un osso percuote il numero:

esce a mezzogiorno la processione
dei dodici apostoli che passa

the clock of strasburg (1574)

the astronomical clock in strasburg
is part-planetarium

part-clock-calendar-ephemeris.
the clock indicates the solar hour

the rising and the setting of the sun,
the hour of the midday sun and of the sidereal hours

of the moon and of the sun of the feast days of the saints
the martyrs, the solstices the exquinoxes.

a succession of allegorical figures
the days of the week traveling

on little trolleys among the clouds, appearing
by turn disappearing, up another level

a genie holds a bell in his hand
and with a scepter hits the first stroke

in sequence the other bells ring out
the stages of man: infant, youth

man, old man. the death
of the hours is counted out with a bone that beats the number:

at noon a procession
of the twelve apostles makes its exit

davanti a cristo, s'inchina riceve
la santa benedizione e un galletto

d'oro scuote le ali muovendo il capo
e la coda, inarca il collo e rammenta

la frase della profezia di cristo
riguardo san pietro: pietro io ti dico

prima che il gallo canti tu per tre
volte di conoscermi avrai negato

passing right in front of christ, bent over it receives
the holy blessing and a golden rooster

flaps its wings moving its head
and its tail, craning its neck recalling

that line of christ's prophesy
concerning saint peter: peter I tell you

before the cock crows
you will have denied me three times

dio e gli automi (1600-1800)

nel corso del seicento dio divenne
quello straordinario orologiaio

che aveva regolato il meccanismo
del mondo, disse keplero: cos'è

l'universo se non un orologio
che non sbaglia eternamente in orario?

★

ogni causa fisica per descartes
è urto di un corpo su di un altro corpo

meccanismo a orologeria in cui il dente
di un ingranaggio urge il dente di un altro

ingranaggio, se la materia è liquida
all'ingranaggio si sostituisce il vortice.

★

dal milleseicento gli imperatori
cinesi crearono una collezione

mirabile di orologi meccanici.
più che strumenti di esatta misura

erano per loro sofisticati
giocattoli, arcani ordigni, magia.

god and the automata (1600-1800)

over the course of the seventeenth century god became
that watchmaker par excellence

who came to become the adjuster of the inner-workings
of the world, said kepler: what is

the universe if not a clock
eternally with the right time?

★

for descartes every physical cause
is a collision of one body against another body

mechanism and clockwork in which teeth
of gear press against teeth of another

gear, if matter is fluid
vortice is substituted for gear.

★

starting in the 1600s the chinese
emperors fabricated a wondrous

collection of mechanical clocks.
they were toys, arcane devices, magic

made for their satisfaction
rather than instruments intended for precise measurement.

★

l'anitra che beve mangia alza le ali
gorgoglia sguazza digerisce evacua

il flautista che suona dodici arie
lo scrivano che scrive il tamburino

di jacquet-droz, jacques de vaucanson
anticiparono la cibernetica.

★

the duck that drinks eats flaps its wings
gurgles splashes digests excretes

the flautist playing its twelve tunes
the scribe who composes letters

these automata of jacquet-droz and jacques de vaucanson
are forerunners of cybernetics

una giornata quasi felice (XX secolo)

come sempre alle cinque del mattino
suonarono la sveglia percuotendo

con un martello un pezzo di rotaia
vicino alla baracca del comando

il suono intermittente attraversò
debole i vetri coperti di ghiaccio...

suchov prendeva sonno soddisfatto
la giornata era stata fortunata

non l'avevano sbattuto in prigione
la squadra non era stata mandata

al «villaggio socialista», aveva
fregato una scodella di polenta.

il caposquadra aveva sistemato
per bene la percentuale, lui aveva

al suo muro con gioia lavorato
e a non farsi beccare era riuscito

la sega addosso alla perquisizione,
aveva a sera comprato tabacco

e non si era ammalato, ce l'aveva
fatta, era passata una giornata

an almost-happy day (XX century)

as always a mallet bangs
the wake-up call at five o'clock in the morning

clanging against a section of track
near the barracks of command headquarters

the sound periodically drifting through
the thin window covered with ice. . .

suchov was drinking in some good satisfied sleep
the day had been a good one

they hadn't thrown him into prison
the unit hadn't been sent

to the "socialist village," he had
swiped a pot of polenta.

the head of the unit had worked out a fair way to distribute
the portions, he himself had

worked on his section of the wall with joy
and he had succeeded in whacking off

and not been found out during the body search,
during the evening he had bought tobacco

that didn't make him vomit, he was
set, he had spent an almost-

quasi felice, di giorni ne aveva
tremilaseicentoquarantatrè

da scontare dall'inizio alla fine
più tre, per via degli anni bisestili.

happy day, he had
threethousandsixhundredfortythree

left from beginning to end
plus three, figuring in the leap years

la metamorfosi

gregorio samsa da sogni agitato
si trovò svegliandosi una mattina

trasformato in oblungo osceno insetto
dalle multiple tremolanti zampe

sdraiato sul duro dorso nel suo letto
il ventre a segmenti ricurvo e bruno.

★

la sveglia ticchettava sul cassetto
tardi: il treno era partito, che fare?

samsa si gettò con tutte le forze
fuori del letto, s'udì un forte colpo

non scoppio o schianto ma un sordo tonfo:
picchiato aveva il capo con dolore.

★

quando videro com'era, la madre
svenne, il padre si mise le mani

nei capelli, fuggì il procuratore.
lui imparò a camminare sui muri

a raggiungere il soffitto e restare
a spiare la finestra a testa in giù

the metamorphosis

gregor samsa awakening from dreams agitated
found himself one morning

transformed into an obscene oblong insect
with multiple quivering appendages

sprawled out on the hard mattress
his back curved brown in sections.

★

the alarm-clock tick-tocked on the dresser
late: the train had left, what to-do to-do?

samsa propelled himself with all his might
up from his bed, he heard a loud smack

not a blow or a crash but a dampered muffle:
his head thunk with pain.

★

when she saw his condition, the mother
fainted, the father wove his hands

into his hair, the attorney
fled. he learned how to walk up the walls

reaching the ceiling stayed up there
spying out the window head lowered

il sogno di cesare

mentre gli schiavi scappano dal lazio
mentre la nebbia copre la loro fuga
mentre il soldato immola al dio mai sazio
mentre inturgidisce la sanguisuga

grida di strigi minacciano strazio
la faccia della luna si corruga
freccia scagliata è fissa nello spazio
e achille non raggiunge tartaruga

dal tronco tagliato tornano a galla
cerchi dimenticati del passato
giorni mesi anni un volo di farfalla

mentre nell'alba il sole è impietrato
l'asino e il bue eva e adamo in una stalla
adorano un bambino appena nato

caesar's dream

while the slaves make their escape from lazio
while their flight is obscured by fog
while the soldier immolates on behalf of the never sated god
while the swelling leech muddies up

the screech owl's screech lacerates
the moon's face corrugate
an arrow is calibrated into space
and achilles never does catch up to the hare

from the truncated trunk forgotten
circles float back to the surface
days months years one flight of one butterfly

while during a sunrise with the sun petrified within it
the ass and the ox eve and adam in stall
adore a baby just arrived

cacciatori nella neve (bruegel il vecchio)

tre cacciatori e quattordici cani
discendono guardinghi nella neve
di un pomeriggio invernale nel breve
tratto tra scuri tronchi e tetti a diafani

ghiaccioli inclini tra le orme e i balzani
guizzi di prede prese o perse al lieve
scatto di lame e piume che non deve
sprofondare ma può sulle mani

del gelo salvarsi pattinatore
sullo stagno o gazza ladra che insegna
al cielo equilibri da tuffatore.

vecchina va china a un fascio di legna,
scoppi e risa nel livido stupore
soffia falò sotto sbilenca insegna.

hunters in the snow (bruegel the elder)

three hunters fourteen hounds
proceed guardedly downward in snow
on a winter afternoon along a short stretch
between dark trunks and diaphanous roofs

slippery slope between foot tracks
frenetic skitters of prey gotten or got-away
at the light click-release of blade and feather that-
must-not-drop-but-can-be-felled fell right into the hand

of the skater on the uplifting ice rink
above the slough or the thieving magpie lecturing
the sky about the sky-bomber's precision.

old woman walks along hunched under bundles
of firewood, outbursts smug little knowing little laughs
pale stupor
a gust of bonfire beneath imbalance instructs.

trionfo della morte (bruegel il vecchio)

orizzonte scarlatto ocra e nero
incendi dappertutto scoppi e fumi
pendono gli impiccati a ruote o a dumi
a forche, allegro è lo stuolo leggero

di scheletri che conquista il potere
batte campane e tamburi e in frantumi
rovescia il mondo preda e sgozza e i lumi
spegne all'uomo, prete re o giocoliere.

sul gramo destriero la magra morte
scorre all'impazzata in testa all'armata
dei macilenti, piomba, dà manforte

con falce la folla terrorizzata
miete, in un angolo il poeta di corte
recita sonetti in braccio all'amata.

triumph of death (brueghel the elder)

scarlet okra black horizon
fires everywhere erupting and smoke
victims stretched on wheels and hanging down forked
trees, felicitous is the flock

of skeletons that defeats authority
sounding bells and drums and breaks to smithereens
the world prey and butchers puts lights
out on humankind, priest or jugglers

starved death, wending its way through wildingmen,
mounted on wretched steed, wearing on its head the helmet
of the emaciated army, pure lead, his back-up man

mowing down the theorized throng
with sickle, and in the other corner the court-poet
recites sonnets in the arms of his lady-love

la caduta di icaro (bruegel il vecchio)

il contadino non smette di arare
né l'amo tira indietro il pescatore
né a un bastone appoggiato il pastore
alto nei cieli rinuncia a osservare

galeone non cessa di scarrocciare
né di innalzarsi il marinaio al chiarore
sul cordame dell'albero maggiore
né il vento sulle vele di soffiare

quando icaro s'inabissa nel mare
nessuno sente o vede o nota niente
non sa che il mondo è fermo in quell'istante

in cui una gamba spruzza sopra il mare
non sa che il mondo torna indifferente
dopo a ruotare intorno a quell'istante

the fall of icarus (brueghel the elder)

the peasant doesn't look up from his plow
the fisherman doesn't deign to pull in cast
the shepherd leaning on his walking staff
isn't inclined to stop gazing at a cloud

the ship does not cease its leeward drift
the sailor doesn't rouse himself at dawn's first light
from the rigging of the ship's main mast
nor does the wind exhaling a breath into sail wake him either

when icarus sinks into the sea
no one hears no one sees or notes anything
no one knows that the world is stilled in that instant

when one leg splashes into the sea
no one knows that the world turned into indifferent
after having turned its back on that instant

oetzi, la mummia delle alpi
(ghiacciaio del similaun, 1991)

da un angolo vivo e acuto del niente
ci guardi con la stessa tumefatta
perduta e avida paura distratta
di un morto alla vista di un esistente

levigata maceria del vivente
ossa aggrappate a carne disseccata
con saette ascia e faretra conservata
da millenni di ghiaccio permanente.

funghi allucinogeni armi e tatuaggi
indicano lo status di un maiore
capotribù: un guerriero o uno sciamano

colpito da una freccia mentre viaggi
lontano dal villaggio da molte ore
ora soltanto sai che tutto è vano.

ötzi, mummy of the alps
(iceman of the similaun, 1991)

alive and alert from a corner of nothing
you watch with the same tumefied
lost avid fear distracted
by a death in the face of an existing

lacquered heap of living
bones gripped by flesh that has desiccated
along with the shafts axe quiver all preserved
for millennia in the permanent freeze

hallucinogenic mushrooms weapons tattoos
indicate status as a major
chieftain: a warrior or a shaman

hit by an arrow during travels
separated from village by so many hours
only now do you know that it's all in vain

l'araba fenice

prima di imparare a catturarla
quante volte ho dovuto imparare
ad afferrala e farmela scappare
quante volte ho dovuto rammendarla

quante volte letta disimpararla
scritta cancellarla per imparare
ad osservarla danzare volare
persa e ripristinata obliterarla:

la traiettoria rissosa di una palla
la variabile geometria dell'aria
(su e giù, zero più uno, ancora e già)

il termine della felicità
(culla, letto, bara urna cineraria)
la bianca curvatura di una spalla

that rare bird

before learning how to get hold of it
how many times i needed to learn
to grasp it then cause it to fly out of my hand
how many times i needed to heal it

how many times read it to unlearn it
written it voided it out in order to try
to learn it to observe it dancing fly
lost then emerge pristine obliterating it

that feathers-flying trajectory of buckshot
the variable geometry of air
(up & down, zero + one, already and again)

the limit of contentment
(cradle, bed, coffin, cinerary
urn) the white rounding of a shoulder

apocalisse quotidiana

la tromba silenziosa delle scale
soffia uccelli di grida al soffitto
crolla dal sesto piano lo sconfitto
(tra urti che ombre inseguono a un saturnale

d'ombre da onte inseguite a capofitto)
vaso che spicca il balzo al davanzale
spacca finestre va in cocci nel viale
apocalisse a mancato delitto

esploso sposalizio in un secondo.
più casta distruzione quotidiana
è la polvere che danza in un cono

di sole, è la cenere che avanza
(la sostanza più leggera del mondo)
tra noccioli cartigli mozziconi

everyday apocalypse

scale-runs the silent trumpet in
blows shriek-birds right up to the rafter
from the sixth floor the defeated-one collapses,
drops (between collisions in which shadows

chase after a laughter-inebriate in shadows shadowing
ignominies pursued head first)
vase that stands in sharp relief out leaps from the windowsill
breaks the windowpane winds up in shards on the boulevard
apocalypse of no-one-at-all-is-at fault

explosive marriage in a second.
more chaste than the everyday destruction
is the dust that pirouettes in a cone

of sunlight, is the remnant ash
(lightest substance in the world)
amidst fruit-stones stumps cartouches

esodo

hai mai nuotato in zone di milano
dove cresce rigoglioso e asfissiato
un prato sottomarino imperniato
su trite macerie di portolano

tracciando in quel fummo di falsopiano
un tunnel di mar rosso scoperchiato
tra due muraglie d'acqua sguinzagliato
come ferita inferta nella mano?

ultima foce alla voce dei venti
fiotti freddi sfatano fuochi al neon
ciechi riflessi volti accesi-spenti

crollano temporali secchi con
uccelli delle foglie turbinanti
a un filo di respiro dal tuo non

exodus

haven't you ever swum in zones in milan
where an underwater field
grows lush and choked off above of heaps
of ripped-up sea captains' navigational charts

stretched out along the river we-were on the false-flats
a tunnel of red sea unroofed between
two sea walls unleashed
like some infected infliction in the hand?

last source where the voice of twenty
ice-cold streams declaim flashes of neon
blank reflected faces bright-spent

they collapse time-limited desiccated
along with birds of churned up leaves
tied to a thread of breath from your not

trasfigurazione

all'alba l'ultima perturbazione
notturna, ha discordato dietro sé
(codazzo di cose infrante o macramè)
una scia di specchi rotti in cui unione

cielo e terra ritagliano le icone
di un loro universale fai-da-te
nubi black-and-decker soli-bigné
di pulcinella la fucilazione

sulla cresta dell'onda e scesa giù
a lenire in fondo a guance basalto
il dolore sotto nivei bambù

d'alberi fildiferro case flou
(filigrane d'anime dell'asfalto)
fiches pouf pesci d'aprile tou-tou

transfiguration

at sunrise the final thrashing of night
has clashed against itself and left itself behind
(a cortege of things broken apart or macreméd)
a wake of broken mirrors in which light

of sky joins earth once again cut-out
icons from their universal homemade
black-and-decker cloud-making kit and also beignet-suns
of punch arrived at execution site

a bobbing crest of waves and trickling down
to assuage at the base of basalt cheek
pain beneath snow-white bamboo

of wire trees houses in soft focus
(rising from asphalt souls from souls filigree)
what's-this-behind-your-ear poof april fool's
you-tu tu-you ta for now

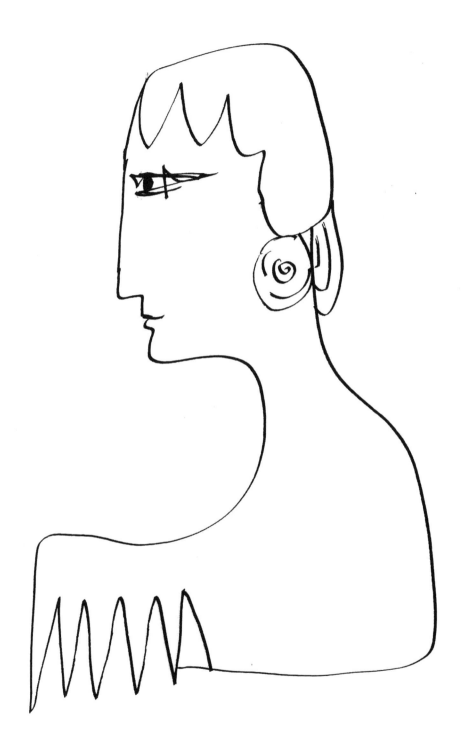

Sfinge

da
I MOSTRI
(inediti)

from
MONSTERS
(unpublished work)

SFINGE

Sono una sfinge di pietra. Guardo questo panorama di sabbia e sassi dai secoli dei secoli. Nulla è mutato. Gli uomini, lo so, mi hanno raffigurato in tanti modi, anche con la faccetta di Shirley Temple. Ma io sono quella che sono e basta o se preferite quello che non sono, vedete voi, a me non fa differenza. Quando ero in carne e ossa e zanne e artigli e scaglie, puntavo sui passanti indovinelli acuminati. C'erano uomini così presuntuosi che venivano apposta, anche da terre lontane, per sfidarmi, che pensavano che sarebbero stati loro, con la loro prosopopea, a battermi e tutti rimanevano impigliati nella rete delle parole che gli gettavo. Prima di essermi pietrificata, ho messo a nudo la loro fragilità. Uno di questi indovinelli è diventato famoso (ma ce n'erano molti altri): quale animale ha quattro piedi, due piedi o tre piedi e quanti più ne ha più è debole?

Qualcuno tentava di dare una risposta con una spiegazione razionale: il cavallo che da giovane corre al galoppo senza fatica spingendosi sulle due zampe posteriori, poi rallenta e va al trotto su tre e quando si sente stanco o debole rimane fermo su quattro zampe o il cane ammaestrato che, fino a quando non diventa malato o vecchio, è capace di camminare su due zampe e poi su tre e poi deve tenere tutte e quattro le zampe a terra. Oppure i canguri (animali di una terra remota, visti da un mercante che si era spinto oltre il Gange e il Cipango) che nascono piccoli e deboli, vivendo nel marsupio materno e che quindi, oltre alle loro due zampine, usufruiscono delle forti zampe della madre. Quando crescono abbastanza, escono dalla borsa che la madre porta nella pancia e camminano e saltano sulle robuste zampe posteriori. Questo mercante, inoltre, mi assicurò, avendolo visto con i suoi occhi,

SPHINX

I'm a sphinx made of stone and I've been looking out at this vista of sand and stones for centuries. Nothing's changed. Men, yes I know, have portrayed me in lots of different ways, even with Shirley Temple's cute little face. But I am what I am, end of story, and if you prefer that which I'm not, see it how-ever you'd like, it's no skin off my nose. When I was flesh and bones and fangs, talons and scales, I'd shoot vexing riddles at passersby. There were men so completely full of themselves from around here, as well as from distant places, who, in order to challenge me, thought they'd beat me with their, thought it would be them winning, with their prosopopoeia, and they all ended up doing was tripping up and getting snared in the tan-gle of words I cast. Before they turned to stone, I had exposed their weaknesses. One particular riddle became famous (there were many others of course): which animal has four feet, two, or three, and which of these with which is weakest?

Someone tried to give an answer by way of a rational ar-gument: the horse, by virtue of being able to run at a gallop from the time of tender age without tiring, which pushes off on the back two hoofs, then slows down and goes into a trot on three hoofs, and when it's tired remains still standing on all fours. Or a trained dog who, it becomes sick or old, is capable of walking on its hind legs and then on three and then must walk using all four. Or else kangaroos (animals from a far-off land, seen by a merchant who had traveled far beyond the Ganges and Cipango) who have live-births and are born vul-nerable, living inside the mama marsupial and which, there-fore, in addition to having their own two feet, also rely on the two strong feet of their mother. When they have developed suf-ficiently, they leave their mother's pouch and they walk and leap on their sturdy hind paws. This merchant, in addition, was

che questi animali ingegnosi, quando sono in difficoltà, usano la coda potente come una specie di zampa di riserva.

Qualcun altro tirava a indovinare, elencando, in frenetica successione, bruchi che diventano farfalle, draghi che perdono due zampe crescendo ma una gli ricresce come compensazione, o il mirmicoleone, leone davanti, formica dietro o l'anfisbena che ha due teste o le antilopi a sei zampe o angeli o scrofe o camaleonti o grifoni, ornitorinchi, cinocefali, ippocampi, centauri.

Altri balbettavano o rimanevano ammutoliti.

Un tale, una volta, sedicente impresario di compagnie teatrali, caporione politico, il più insolente degli insolenti, ebbe la temerità di rispondermi: "sei tu!", dal ridere conducendomi quasi alla morte.

Nessuno trovava la risposta giusta perché tutti si ritenevano e si ritengono tuttora superiori a tutte le creature dell'universo e non pensano che l'uomo possa essere considerato un animale. L'uomo, o per una cosa o per un'altra, anche la più stupida, (come quella di essere l'unica creatura dell'universo in grado di ridere, come se gli altri esseri viventi non lo potessero fare), si ritiene diverso, superiore.

Mi divertivo a osservare quei tronfi e vanitosi, arrovellarsi, alla fine, contorcersi, guardare per aria, cercando nel vuoto la risposta, e poi cadere, afflosciarsi come palloni sgonfiati, rotolarsi nella polvere, chiedere venia, confessare tutte le loro colpe, reali o presunte, i loro misfatti, veri o immaginari, senza che io glielo chiedessi, raccontarmi la loro vita, senza che io dicessi nulla, umiliarsi, chiedermi perché. So io di più su di loro, grazie alle loro confessioni, di tutte le enciclopedie della Biblioteca di Alessandria. Era molto più gustoso assistere a quello spettacolo che assaporare, poi, quella carne insipida e cisposa.

insistent, having seen it with his own eyes, that these ingenious animals, use the tail as weapon, as a kind of a spare foot, when they are in a fix.

Another person – grasping at straws – guessed, in rapid succession: caterpillers that turn into butterflies, dragons that lose their feet in developing but then grow back one to replace it, or an ant-lion – lion in front, ant in back. Or the anfisbena, which has two heads. Or the six-legged antelope. Or angels, or sows, or chameleons, or griffons, or platypuses, dog-headed creatures, sea-horses, centaurs.

Some people sputtered incoherently and others just didn't say anything.

One fellow, one time, a, quote-un-quote, producer of a theater company, a real Crowned Snit of a politico-operateur, the most arrogant of the arrogant, had the gall to reply, to me: "it's you!" laughing in such hysterics that it was almost enough to bring me back from the dead.

Nobody got the correct answer because they all thought themselves, and still to this day, think themselves superior to all the creatures in the world and they don't believe that man can be considered an animal. Man, for one reason or another, even the most inane, (such as his being the only creature with the capacity to laugh, as if they other living creatures aren't able to do it) thinks he's different, superior.

I amused myself by making note of the ones with the superiority complexes, the conceited ones, fretting, in the end, vexed, staring off into space, looking into the void for the answer, and then flopping down, sagging like deflated balloons, rolling around in the dusty ground, begging pardon, confessing all their offences, actual or alleged, their misdeeds, real or imagined, without my having asked them to name them, telling me their life stories, with me having said nil, humiliating themselves, asking me why. I am the one who knows more about

Solo quella vecchia volpe di Edipo ha mangiato la foglia, non si è fatto distrarre dalla paura e ha trovato la risposta, invece di contorcersi o di fare domande. Certo Edipo è stato favorito dalla sua vita strana e disgraziata a trovarla questa risposta. L'ha pagata cara, però, ah sì, molto cara, lui e i figli e i figli dei suoi figli. Certe risposte non bisognerebbe mai trovarle e certe cose non bisognerebbe mai dirle. Sapere è pericoloso. Svelare i misteri, risolvere i problemi: gli uomini hanno sempre avuto questa pretesa. I più saggi, tra loro, sono quelli che stanno zitti, ma prima o poi, salta fuori lo sventato che assaggia il frutto proibito e costringe gli altri, con le buone o con le cattive, ad assaggiarlo. Arriva l'eroe sventurato di turno, che deve parlare, che deve capovolgere, violare, scoprire la verità. La verità fa male!

Adesso da queste bande arrivano le frotte dei turisti. I loro sguardi petulanti, banali. Avrei voglia di spazzarli via con una zampata. Forse basterebbe un colpo di coda. Loro e le loro macchine. Che cos'hanno da fotografare? Perché amano tanto la mia immagine che se la vogliono portare via con sé, accanto alla loro? Sperano così di salvarsi? Sperano di convincermi ancora con le loro chiacchiere, con le loro immaginette? Non lo sanno che chi corrompe tutti non si lascia corrompere da nessuno? Non lo sanno che la fine del viaggio arriva quando meno se lo aspettano e sono io a decidere quando è finito, no? Quando è scaduto il tempo? Quando è arrivata l'ora?

Prima c'erano i beduini che non mi amavano ma si dimostravano più rispettosi.

them than they do themselves, thanks to their own confessions, more than all of the encyclopedias in the Library of Alexandria put together. It was much more appealing to be of assistance in that performance than to be chewing over, later on, that bland and gummy fare.

Only that old fox Oedipus smelled a rat, wasn't distracted by fear and found the answer rather than getting tripped up in his own contortions or asking questions. Certainly, Oedipus had the advantage of his strange life and was cursed by having found the answer. He paid a huge price, but, yes, true, a very big price, for him and his children and the children of his children. It would be better not to discover certain answers and certain things would be better left unsaid. Knowing is dangerous. Revealing mysteries, resolving problems: men have always maintained this pretense. The wisest among them are the ones who remain silent, zip it up, but sooner or later, out pops the birdbrain who tries to nibble the forbidden fruit and convinces the others, with all the good and the bad, to taste it too. Here comes the ill-fated hero who's on call, he's got to talk, he must reverse, he must violate, discover the truth. And truth undoes! Now from this mob descending a swarm of tourists is zeroing in. Their pouting, banal stares. I would like to clear them away with one swipe of a paw. Maybe a flick of the tail would do it. Them. And their cameras. What's the point of the pictures? Do they think that's how they can save themselves? Do they hope to still convince me with their chitchat, yak-yak, with their little thought-thoughts? Don't they know that whoever corrupts everyone is never corrupted by anyone? Don't they know that the trip's finished when you least expect it and I'm the one deciding when it's ended, right? When time's up? When the hour's over?

First, there were the Bedouins, who didn't like me but at least were respectful.

Le femmine di questi turisti sono le più sfrontate: mi guardano con uno sguardo ebete oppure mi fissano con sfida. Gli uomini no, mantengono, quando non sono traviati dalle femmine, un po' di riservatezza, un residuo dell'antico timore. Ma queste femmine cialtrone e sguaiate che cianciano e ridono e mi guardano di traverso mentre cianciano, che cos'hanno da dirsi? Parlano, parlano, nei loro abitucci colorati, mezze nude, a capo scoperto, che cos'hanno da parlare? Ridono, ridono in continuazione, che cos'hanno da ridere?

Forse vorrebbero possedere anche loro, almeno per un giorno, almeno finché mi guardano, i miei mezzi di seduzione? Non sanno che sono mezzi di distruzione? Le mie forme, la mia natura? Ormai sono di pietra e non posso farci niente, ma una volta... ah ah ah...

Però più di tanto, anche loro, non riescono a fissarmi. E quel ridere isterico e quel parlare insensato, è un modo goffo di nascondere altro, di soffocare l'opposto: il volto stravolto da un urlo di terrore.

Quando sono vicine, infatti, e mi passano davanti, abbassano lo sguardo, parlano a voce più bassa, ridacchiano sottovoce. Un po' di paura, la faccio ancora.

The female tourists are the most pushy: they look at me with obtuse looks or else they look at me with that challenge in their eyes. The men, no. They maintain, when they are not led astray by the women, a little distance, some residual dread of the ancient times. But these slob women, these coarse women, who chitchatchitchatblah–blah–blah, what have they got to say? They're laughing. They are laughing without stopping. What's so funny?

Perhaps, they, too, would like to be in possession, if only for one day, at least as long as they're looking at me, my powers of seduction? Don't they know that these are the means of destruction? My forms? My nature? Oh, but I am stone and can do nothing about it, but at one time. . . oh. Oh, yes, and oh. . .

However, more often than not, even they are not able to fix a gaze upon me. And that hysterical laughter and that idiotic talk – is a clumsy way of hiding something else, of suffocating the opposite: the scream of terror emitted from the distorted face.

In fact, when they're close, and they pass right in front of me, they lower their eyes, they speak in lowered voices, they giggle in whispers. I can still scare them a little.

KLEOPATRA

Sono un asteroide. Qualcuno ieri notte è stato sveglio a osservarmi: sono passato circa a 560 km dal vostro pianeta, quello che voi chiamate Terra. Voi dite: vi ho sfiorato. Ho un corpo celeste di 600 m di diametro. Ma non sono celeste sono marrone. Ho la forma, voi dite, di una patata. Ai vostri occhi daltonici ho un colore grigiastro e su di me, voi dite, non c'è nessuno, niente. Ma cosa ne sapete? Sono un evento, voi dite anche, piuttosto raro. Mi avete dato anche un nome famoso dalle vostre parti: Kleopatra. Di una seduttrice voi dite, una femmina che si è suicidata per amore. Così forse sperate che io sia debole, che anch'io mi suicidi. Ma io non ho nessuna intenzione di suicidarmi, io preferisco… osservare. Osservare e passare, ripassare e osservare più da vicino. Ma lo sapete da quanto tempo vi conosco? Quante volte sono già passata da queste bande? Lo sapete che vi ho visto che stavate correndo nelle savane, mezzi nudi, con le lance in mano? Però eravate già voi, uomini, così vi nominate, non molto diversi da come siete adesso *homo sapiens sapiens*: la stessa baldanza piena di paura. Pronti a correre all'inseguimento e pronti a scappare. Il mio è un viaggio alla fine del cosmo e ritorno. Vado e vengo. Ora vado verso la costellazione della Lira, così dite. Voi dite senza sapere. Io, invece, so, senza bisogno di dire. Stavolta faccio un'eccezione, ve lo dico. E vi dico anche che ritornerò a trovarvi. Chissà se ci sarete ancora. Quanti ne ho visti apparire e sparire dalle vostre bande. Giganti della terra, mostri marini.

CLEOPATRA

I am an asteroid. Last night, someone woke up to watch me. I passed about 350 miles from your planet, the one that you call Earth. This is how you say it: *I swept past.* I am a celestial body 370 miles in diameter. But I am not shaped like a planet – I'm chestnut-shaped. I have the form, so you say, of a potato. In your eyes, which are color blind, I'm grayish. You say there's no one on my surface, nothing. What do you know? I am, you say, an event. You say this, as well. One that's rare enough. You have even given me a name that's famous in your world: Cleopatra. After a seductress, you say, a woman who committed suicide over love. Maybe you hope I'm weak, too, and that I'll commit suicide as well. But I don't have any intention of committing suicide. I prefer... to watch. To observe and pass by. Pass by again and observe from closer in. Do you know how long I've known *you*? How many times I've already navigated this asteroid belt? You know I saw you running in the savannah, half naked, with a spear in your hand? However, it was already you, man, that's what you were called, not much different from the way you are now, *homo sapiens sapiens:* the same old bravado, full of fears. Primed to give chase and ready to flee. My journey is one that goes to the end of the cosmos and back. I go. I come. At the moment, I'm coming toward the constellation Lira. That's what you're saying. You say it without knowing. I, on the contrary, know, without needing to say it. This time, I'm making an exception though. I'm telling you. And I'll tell you that I'll come back to find you. Who knows if you'll still be here. I've seen so many, so many, appear, disappear, from your geologic layers. Giants of the earth. Sea monsters.

Li avete chiamati dinosauri, leviatani, ma in verità non ci capite niente. Ve li immaginate ma non sapete affatto com'erano davvero. Vi credete immortali, eterni padroni del mondo. Credete che il mondo, l'Universo sia stato fabbricato apposta per voi. Vi siete moltiplicati, avete distrutto, sterminato. Credete di essere Dio? Ritornerò da voi, sì, più vicino, seguendo, come dite voi, un'orbita ellittica. Voi non sapete il resto. Nel complesso mi sembrate malconci. Non malinconici ma malconci, sì, proprio così. Sì, anche malinconici, alcuni di voi in particolare, spesso quelli più consapevoli, che non si fanno troppe illusioni. Voi non sapete l'esattezza che cosa sia, la chiamate *perfezione* e ve la sognate.

Le vostre leggi sono un fallimento persistente. Ma perché non la piantate, una buona volta? I vostri calcoli si adattano alle circostanze e non prevedono un bel nulla. Datemi retta: voi non sapete quando ritornerò. E ritornerò. Qualche kilometro più in là, più vicino. A… rivederci!

You called them dinosaurs, leviathans, but, in truth, you didn't understand anything about them. You imagined them but you didn't know how they really were. You think yourself immortal, masters of the world, for all eternity. You think that the world, the Universe was put together specifically for you people. You multiplied, you destroyed, you exterminated. You think you're God? I'll come back to you, yes I will, a little closer, following along, just as you say, an elliptical orbit. You don't know the rest. On the whole, you seem to me to be in pretty sad shape. Not depressed but depressing, yes, that's exactly what I mean. Yes, depressed, some of you in particular, especially those of you who are paying attention, who don't have illusions in excess. You don't know what exactness is, you call it *perfection*, and you dream it.

Your legal system is in perpetual bankruptcy. Why don't you just give it the big heave-ho and be done with it? Your facts and figures are manipulated to fit the circumstances and calculate an elegant nothing. Listen to me now, will you: you don't know when I'm coming back. And I am returning. Closer, or farther, give or take a few miles. See you.

ARCHAEOPTERIX

Vi guardo mentre mi passate davanti, mentre sbadigliate o mi fissate attenti. Mi vedo nelle vostre pupille. Sono l'impronta grigia di quello che ero, un grande, potente volatile. Osservate l'impronta della vostra mano o del vostro piede nella sabbia e provate a immaginare ciò che vuol dire essere così, impronta, orma. Vuoto che sta dentro una forma.

A furia di sentirvi, per anni e anni, ho imparato il vostro linguaggio e so chi sono per voi. Ma io ero tutt'altro da quello che voi credete. Tutt'altro era l'*habitat*, l'ambiente, in cui vivevo. Non ve lo posso dire. Se voi mi deste i nervi i muscoli il sangue che anch'io avevo un tempo, tanto tempo fa, ve lo farei vedere. Vi posso solo dire che era diversa la luce del sole, il colore del cielo, delle nubi, della terra. Diversi gli odori, i sapori, i suoni. Tutto diverso da quello che capisco dalle vostre parole, dalle vostre immagini, dalle vostre *riproduzioni*. Non ve lo sognate neanche! Non avevo piume o penne come voi immaginate che io avessi, ma la mia pelle scagliosa era fatta di mille colori e iridescenze. Ricordo com'era verde e lucida l'erba, come smeraldo, voi direste. Com'era rosso il sangue mio e soprattutto quello sparso dalle mie prede. Come rubino, direste voi. Com'era giallo il sole, blu il cielo, bianca la brina. Gli abissi su cui volavo, immensi. Nera la notte, chiara la luna. Che silenzio, che fruscii, che tonfi, schiocchi, grida in quel silenzio. Diverso il modo di fare di tutti gli esseri viventi di quel tempo, *primordiale* come dite voi. E io lo rammento come se fosse qui davanti, ora. Tutti si divoravano tra loro, sì, ma c'era il rispetto di certe regole che neppure ve lo sognate quante fossero e quanto fossero complicate. Nemmeno io me lo

ARCHAEOPTERYX

I look at you as you pass in front of me, as you yawn or stare intently at me. I see myself in your pupils. I am the gray imprint of what I was, a huge, powerful winged creature. Look at the imprint of your hand or your foot in the sand and try to imagine what it means – an imprint, a footprint.

   I learned your language, just by having heard you for years and years, and I know what I am to you. But I am something else entirely different from what you believe me to be. First off, the habitat, the place, in which I dwelled. It is not possible for me to describe it to you. Different odors, tastes, sounds. Completely different from the ones I understand from your words, from your images, from your *reproductions.* You couldn't begin to dream it! I didn't have plumage or feathers as you image I had; my skin was scaly and was a thousand colors, and it was iridescent. I recall how it was green, with pristine grasses, emerald green, as you would say. How yellow the sun was. The sky blue, how white the frost was. The abysses in which I flew were immense. Night was black. The moon was limpid. What silence. What rustlings. Splashes. Screeches in that silence. The way of being of all living things different in that time, in that *primordial time,* as you say. And I recall it as if it were all right in front of me, right now. Everything devoured everything, true, but there was the respect for certain rules, which you can't even begin to imagine the extent of, or for that matter, the extent of their complexity. Even I can't remember it

ricordo esattamente, anzi non ricordo quasi niente. Tutto s'è impallidito. E' passato tanto di quel tempo! Al buio, per secoli e secoli, nel sasso. Poi voi, uomini, mi avete tirato fuori, *riportato alla luce* e messo qui, al Museo di Scienze Naturali. E anche se io ormai mi sento vuoto, prosciugato, completamente rigido, riesco a ragionare lo stesso, anzi, così non ho mai ragionato in vita mia. Sono un fossile. Mi chiamate: *Archaeopterix*.

all exactly, in fact, I remember hardly anything at all. It's all kind of faded. So much time has passed! In the dark, for eons and eons, in stone. Then you, humans, yanked me out, *brought be back into the light of day,* and put me here, in the Museum of Natural History. And even if I'm still feeling empty inside, desiccated, completely rigid, I can still manage to think things through, in fact, in ways I never thought things through in my life. I'm fossil. You call me: First Bird.

I LUPI

1

"Intorno a casa mia, la casa dove abito da qualche anno, s'innalzano alte montagne, con pendii molto ripidi, che portano subito in alta quota, tra le nevi eterne. Dietro casa si può arrivare con gli sci, perché fa molto freddo e c'è sempre della neve. Non piove mai, nevica sempre. Bisogna uscire di casa ben coperti, qualche prato spelacchiato, quando c'è un po' meno neve, poi si sale sotto i ghiaioni tra ghiaccio e neve. Non si smette di salire. Il cammino per le cime è interminabile. E da lassù, da quelle altezze, scende sempre un alito glaciale, anche d'estate. Sono andato su, per giorni e giorni, senza mai arrivare. Sempre montagne pendii. Non passa nessuno e il silenzio è interrotto dagli ululati dei lupi e dai boati delle valanghe, seguiti da nubi di polvere bianca: se l'inali soffochi. Quando c'è il sole la luce è abbagliante. Altrimenti è la bufera, ma io non ho paura, conosco i trucchi per salvarmi. Niente di speciale, basta rannicchiarsi, avere una scorta di viveri e aspettare. La bufera passa, di solito non dura di più di una giornata e io so ritornare a casa anche al buio, da cento metri o da dieci chilometri. Qualche volta la bufera dura di più, anche una settimana, ma poi passa. Una volta la bufera non passava mai. Non ho neanche più contato i giorni tanto è durata. Non sono morto nemmeno quella volta. Sono rimasto fuori tre giorni e tre notti. Mi sono scavato una buca sottovento nella neve. La neve, se la sai prendere nel verso giusto, ti aiuta. Ti protegge, ti dà da bere e qualche volta anche da mangiare

WOLVES

1

"All around my house, the house where I've lived for several years now, is where the high mountains start, where steep inclines fly up precipitously. Straight up into unreachable clouds. One gets to the house from the rear with skis–because it's cold and because there's always snow. It never rains; it always snows. It's essential to leave the house bundled up. A few sparse fields, when there's a little less snow, then one crosses scree slopes amidst ice and snow. The ascent never stops. The path to the peaks is interminable. And from the reaches up there, from those heights, the descent is always a glacial inhalation, even in summer. I walked upward for days and days without ever getting there. There were always mountain slopes. Nobody passes by and the silence is interrupted by the howling of wolves. And by the roar of avalanches. This followed by the clouds of white dust: if you inhale it you suffocate. When the sun shines, the light blinds your eyes. Otherwise, there are storms. But I'm not afraid; I know tricks to save myself. Nothing special, just tuck yourself into a secure spot, have a supply of provisions and wait it out. The storm passes, usually it doesn't last more than a day, and I can find my way home even in the dark – a hundred yards or five miles. Sometimes the storm lasts longer, sometimes as long as a week, but then it's over. One time the storm didn't ever finish. I lost track of time. I didn't die that time either. I was out in the elements for three days and three nights. I dug a hole in the snow downwind. If you know how to use it in the right way, you can use the snow to your advantage. It protects you. It gives you something to drink and sometimes something to eat – plants

piante e animali in essa nascosti. Quindi uno resiste molto con la neve se la sa sfruttare. Se, poi, hai qualche galletta sostanziosa con te, gli sci ai piedi, la resistenza può durare settimane. Il più è non farsi sorprendere dalla bufera in luoghi scoperti, una parete, un ghiaione, ma io conosco talmente i luoghi, da trovare comunque un riparo. Voi direte: ma che ci fa uno quassù? Io ho una missione particolare. Sto cercando qualcuno: mia figlia. E' scappata anni fa dalla città in cui abitavamo, io e mia moglie. Un bel giorno non c'era più. Aveva 15 anni, io e mia moglie 51 a testa. L'abbiamo cercata in tutti i modi possibili e immaginabili. Mia moglie è morta di crepacuore. Io non ho smesso di cercarla e non smetterò mai. So che è qui. Anche lei sa che io sono qui. Mi lascia segnali della sua presenza: brandelli di pelo, bocconi di carne, impronte della sua misura, un guanto, biglietti anonimi. L'ultimo diceva: "visto che non te ne vuoi andare, rimani pure, ma smettila di cercarmi o ti ammazzerò". Io non mollo, figuriamoci. E' vittima di un rapitore che l'ha sottomessa. La polizia non ha cavato un ragno da un buco. Sono passati quattro anni e io non me ne vado, cari miei. Io, ormai, lo so, ho capito. Mi ce n'è voluta: attese, appostamenti diurni, osservazioni notturne. E a dirla così, sembra pazzesco. Conosco i loro rifugi, le loro abitudini. Chi è… Lui? Ah, bella domanda. Non lo vedi, no, magari, sarebbe qualcosa di… umano. Neppure Frankenstein o l'ultimo discendente dell'uomo di Neanderthal, conservato per sbaglio in questa valle dimenticata delle Alpi. E' letteralmente un animale, anzi, un gruppo di animali. Non ci crederete ma è un… lupo, anzi, un branco. Lei si sposta con il branco, fa parte del branco. Va a

and animals are hidden inside it. One can survive great challenges if one is able to use the snow as a resource. If, in addition, you have some beaten biscuits with you, skis on your feet, you can survive for weeks. The important thing is not to be taken by surprise by a storm in open expanses, on a mountain face, on a scree slope, but in any event I truly know the places where you'd find refuge. You will say: what's someone doing way up there anyway? I have a particular mission. I'm searching for someone: my daughter. She ran away years ago from the city where we lived. Where my wife and I lived. One day like any other she wasn't there. She was 15 years old. My wife and I were each 51. We looked for her in all possible and imaginable ways. My wife died of heartbreak. I didn't stop looking for her and will never stop. I know that she's here. And she knows that I'm here. She leaves me signs of her presence: scraps of fur, little bits of meat, footprints that are her size, a glove, anonymous letters. The last one said: "given that you won't go away, stay where you are, stop looking for me or I will kill you." I didn't make a move, as you could imagine. She's the victim of a rapist who has captured her. The police have not had a single lead. Four years have passed and I am not moving on, my dear ones. I, now, yes, I know, I understand. I wanted it to be so: waiting, camping out during the day, nighttime surveillance. And saying it like that, it seems like crazy-talk. I know their hiding places, their habits. . .Who is he. . . Him? This is a good question. Oh, this is a good question. Not *yedi*, no, hardly, it would be something in the realm of. . . human. Not even Frankenstein or the last descendant of Neanderthal man, accidentally preserved in this forgotten valley of the Alps. It's literally an animal, or, even, a group of animals. You don't believe it, but it is a. . . wolf, no more than that, a pack of wolves.

caccia con il branco. La notte. Come se io non avessi il binocolo agli infrarossi per vederli! Come gli sparerei volentieri, ma non posso: è vietato, i lupi sono protetti. E poi sarebbe pericoloso. Potrei prendere lei invece del lupo."

2

"Sì, è vero che sto con i lupi, ma faccio un lavoro serio, sono un'etologa e studio il comportamento degli animali sul campo. Dopo la morte di mia madre, mio padre s'è fissato che io sono scappata di casa, ma non è così. Non sono mai scappata. Ho ricevuto un finanziamento dal Dipartimento Universitario per una ricerca sul comportamento dei lupi che abitano alcune alte valli alpine. Questa ricerca mi obbliga a trascorrere lunghi periodi in montagna."

She ran away with a wolf, she joined a pack. She hunts with the pack. At night. AS IF I don't have binoculars with infrared to see them! Gladly I would disband it if I could. But I can't: it's prohibited. Wolves are Protected. Besides it is dangerous. I could get her instead of the wolf."

2

"Yes, it's true that I live with the wolves, but I am doing serious work. I am an ethnologist and I study animals in the field. After my mother's death, he became fixated on my having run away from home. But that's not the case. I never ran away. I received funding from the University Department to conduct research on the behavior of wolves that inhabit certain high-altitude, Alpine valleys. This research requires my spending long periods of time in the mountains."

ADOLESCENTI ITALIANI

Urlano, battono le mani, sghignazzano, prendono a calci
lattine, si abbracciano, si danno spintoni, schiaffi, si tirano i
vestiti, camicie, t-shirt, fanno cinque passi e tornano sui loro
passi, fanno piroette, si piegano, camminano di sbieco,
mostrano i denti, hanno capelli molto lunghi o molto corti,
braghe lunghe, corte, a metà, appena sotto il ginocchio, nere,
rosse, blu, a bande, i maschi sono melliflui con gli orecchini
come femmine e le femmine hanno voci rauche, grosse,
arrotate, una farfallina tatuata dietro la scapola, un anellino
infilzato all'ombelico, "ma va a fan culo", "ti prego, dai,
dammelo", "che figo", "oh Luca mi fai paura", "cazzo,
ficcatelo te in culo", "aspettami", "eh dai", "eh vai", "ue",
"ooo", "eeee", ma soprattutto stanno appollaiati sugli scooter,
vanno e vengono con gli scooter, sgommano e frenano
all'improvviso, fanno dietrofront, sinistdest, s'impennano in
due in tre sopra e vanno sulla ruota posteriore per cento metri.
Ma in realtà non vanno da nessuna parte e non sanno che cosa
fare. Sembra sempre che debba accadere qualcosa di
importante, di decisivo, di irreparabile (un incidente, un
parapiglia, un fuga generale, un inseguimento) tra loro,
qualcosa... ma in realtà non capita niente, non fanno niente, né
di male né di bene. Girano intorno.

ITALIAN TEENAGERS

They yell. They clap their hands. They sneer-laugh. They kick cans. They give big-huggies. They give little shoves. They give slaps. They tug at each other's clothing: shirts and t-shirts. They walk ten steps in one direction, then turn around and walk back ten steps along the same path. They pirouette in the air. They hunch over. They walk in a drift. They bully. Their hair is excessively long. Their hair is excessively cropped. Their pants are excessively long. Their pants are extremely short. Knee-length. Calf-length. Black. Red. Blue. Striped. The males are smooth-talking, wearing earrings similar to females. The females are raucous-voiced, robust, grinding, many have a little butterfly tattooed behind the shoulder blade, a gold ring piercing the navel. They say, "fuck you asshole," "oh please, come on, let me, give it to me, please," "who cares," "oh Luca I'm so scared," "shit, go fuck yourself," "wait up," "so. . ." "who cares?" "nnn," "mghmhph," "ooo," "eee." The main thing to note is they are generally to be found perched upon the seat of a scooter, they come and go on scooters, they brake and take off suddenly, they pop wheelies, they weave in and out of lanes, they ride two or three abreast, and ride close to the bumper of the vehicle in front for 100 yards before veering away. In realty, they do not go anywhere and they do not know what to do. It always appears as if there is something important happening, something crucial, something that can't be missed, (an incident, a commotion, a general panic, a chase) going on among them. In realty nothing is occurring, they're doing nothing, being neither up-to-no-good, nor up-to-no-bad. They're just running around.

I loro scoppi, le risa, vuoti come gusci spolpati, arrivano chiari e forti dall'angolo di strada che hanno occupato a me al quarto piano che li osservo e li ascolto.

Ciò accade tra le 21 e le 24 circa di ogni giornata, qui, a Viareggio, quartiere ex-campo di aviazione, tranne quando piove.

Their outbursts, their laughs, empty as empty shells, arrive clear and strong from the street corner they've been occupying down the street from me, here on the fifth floor, from which I observe them and listen to them.

This is what occurs between 9 and midnight almost every day, here, in Viareggio, in the district of what was once an aviation base, except when it rains.

MORS

Prima di farmi ammazzare, ammazzo io. Non sono una persona, sono una necessità. Gli uomini devono portarmi rispetto se vogliono essere rispettati. Sono il passato, il presente, il futuro, insieme. Sono la democrazia, l'oligarchia, la tirannide. Sono la camorra, la mafia, la ndrangheta. Sono le parche, le furie, le grazie, proserpina, ecate, selene. Sono le tre streghe del macbeth: il bello è brutto, il brutto è bello. Il bene è male, il male è bene.

Bisogna fare chiarezza. Il sospetto va eliminato e ogni uomo è sospettabile.

Occorre apparire misericordiosi, gli uomini devono credere in me, devono pensare che le cose stanno bene così come stanno, male. Non sperare in niente, per sperare nei miracoli. Non devono credere in niente, per credere che tutto sia possibile. Devono adorare se stessi e basta per non rispettare niente e nessuno.

Devono pensare: tutte scuse.

Devono dire: che c'entro io?

Devono sempre credere: non si può tornare indietro. Anche se indietro si può benissimo ritornare. Devono scegliere me, soltanto me, l'irrimediabile, l'unica via senza uscita, senza rete protettiva, senza retrospettiva, senza prospettiva, senza ritorno, senza fine.

Non esisto, non sono niente. Sono dappertutto. Sono l'origine e la conclusione, la sorgente e il delta, il punto di partenza e l'arrivo. Sono io e basta. Io sono la morte.

DEATH

Before having myself done in, I do the killing. I am not a person, I am a necessity. Men must pay me all respect due me if they want to be respected. I am the past, the present, the future, all in one. I am democracy, oligarchy, tyranny. I am the camorra, the mafia, crips and bloods. I am the fates, the furies, the graces, persephone, hecate, selene. I am the three witches of macbeth: the beautiful is ugly, the ugly is beautiful. The good is bad, the bad is good.

It is essential to make things clear. The suspect is eliminated and everyman a suspect.

It needs to happen in the guise of compassion, men have to believe in me, they have to think that things are good the way that they are. Or bad. Not believing in anything, in order to believe in miracles. They don't have to believe in nothing, in order to believe that all is possible. They just need to adore themselves, and that's all that's needed to hold nothing and no one in regard.

They need to think: all is forgiven.

They need to say: what's it got to do with me?

They must always believe: one can never go back. Even if one is perfectly capable of returning. They must choose me. Only me. Irremediable me. The only road without an exit. Without a safety net. Without perspective or retrospective. Without return. Or end.

I don't exist. I'm not nothing. I'm everywhere. I am the origin and the conclusion. The source and the delta. The departure point and the port. I am myself enough said. I am death.

OMBRA

Sono bassa, bitorzoluta, torva e grigia, con il ventre increspato e villoso, non sono un'ombra qualunque. Sono un'ombra spaventosa. Non ho niente di chiaro, nessuna forma, nessuna proposta, nessun progetto, nessun messaggio, niente. Sono invisibile, inodore, insapore, ma, attenzione, non sono niente. Sfioro. Rimbombo. Tutti scappano. Io resto. Un contorno nero con un sapore agro in bocca. Sento delle grida. Au, au, au. Mi chino per vedere, abbasso la bocca tra le dita. All'incrocio un incidente stradale. Senza volerlo trovo un capello nei denti. Una persona è sdraiata in mezzo alla strada. Una macchina è capovolta. Frantumi di vetro, un paraurti contorto. Tiro il capello. Il bottone del colletto si stacca, cade. Arriva l'ambulanza. Vedo la riva del mare in lontananza, molto lontano, ma la vedo, o meglio, la sento. Sento una bufera o meglio io sono la bufera. Sono legioni, sono flagello, sono il buio, la trasparenza. Ah, ah, non pretendete chiarezza e coerenza, sono incoerente e confusa. Escono i lettighieri con la lettiga. Il mare, agitato, si calma. La bufera se ne va da un'altra parte. Il ferito è trasportato via. Divento un soffio. L'ombra si ritira.

SHADOW

I'm dim, lumpy, glowering and gray, with an underbelly that is
wrinkled and villous. I'm no ordinary shadow. I am an ap-
palling shadow. There is nothing about me that's clear: no
form, no suggestion, no plan, no message, nothing. I am invisi-
ble, odorless, tasteless, but, pay attention here, I am not noth-
ing. I kiss. I echo. Everything else flees. I stay. A black
silhouette with a bitter taste in the mouth. I hear-tell about
those Edicts: Oh! Woe! Ah! I bend over for a closer look. Cup
my fingers around my mouth. At the intersection – an acci-
dent! Without any intention of doing so – I find – imagine, a set
of dentures! A person sprawled out in the street! A car over-
turned. Pellets of shattered auto glass! a twisted bumper! I yank
hair. The button of the collar loosens, falls off. The ambulance
arrives. I see the coastline in the distance, a long way off, but I
see it. Or better yet, I *sense* it. I *feel* a storm coming on. Or bet-
ter still, I *am* the storm. I am legion. I am scourge. I am dark-
ness. Transparency. Ah. Do not expect clarity and coherence. I
am incoherent. And obscure. The litter-carriers come trotting
out with the litters. The turbulent sea calms. The storm moves
off in another direction. The injured body is transported. I be-
come a wind gust. The shadow pulls away. Nobody knows
where. Not even me. I am. There. This much I can say and I'm
saying it. I'm reborn. They abandon their pursuit of me. They
go back home, just when, just when. . . they pull the quill pens
out of their shirt pockets, are just about ready to start writing,
and the pen disintegrates, becomes ashes. Just when. . . just at
the very instant when. . . I've been sprung.

La bestia nera

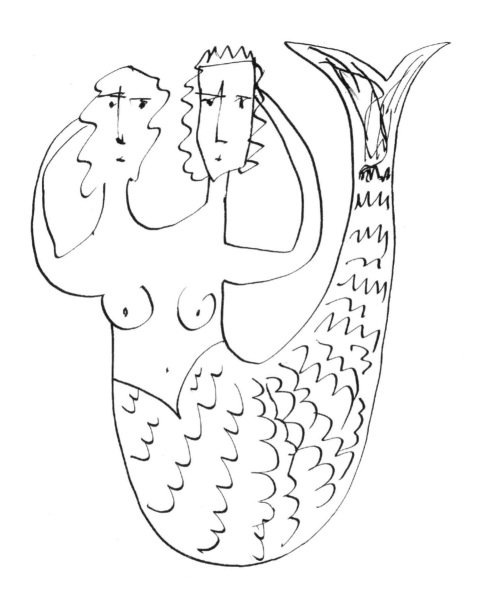

Il canto della sirene (acqua)

I QUATTRO ELEMENTI DELLA NATURA

da
Dialogo con l'ombra, La Vita Felice,
Milano 2008

from
THE FOUR ELEMENTS OF NATURE

LA BESTIA NERA

l'ho bendata
le ho dato da bere

e da mangiare (era un piccolo
ferito un'ombra arruffata

sotto un'ala)
con lei sopra il letto

mi sono addormentato
nel pieno mi ha svegliato

della notte gli artigli nella carne
il becco nel mio petto

THE BLACK BEAST

i bandaged it
i gave it something to drink

i gave it some food (it was a small
casualty a shadow in tangles

underneath a wing)
i fell asleep with it

on top of the bed
its fullness woke me up

in the night the talons in my flesh
the beak in my chest

SORELLA

invece di condurmi
sempre mi insegui

e se mi alzo
balzi in alto

e se mi sdraio
ti tuffi sotto

mia meta
mia muta

ombra
scopo della mia vita

negra
sorella gemella

che cosa vuoi da me?
che cosa ancora pretende

da me chi ti manda?
di questa incerta sorte

come se dovessi
rispondere te

brace annerita
bramosia raffreddata

SISTER

instead of leading me
you follow me always

my mutable
my complement

shadow
meaning of my life

sister twin
of dark skin

you don't leave me, why
what do you want from me

say what by what who a now what claim does she still have
on me who sends her now to you?

yet you don't seem contented
to be thus accounted

for here by my side
restless keeper

as if you're needing
to make your own reply

blackened embers
and chilled greed

maschera dell'informe
lato cieco dell'aria

di quello che capita
sulla terra giustificarti

alla luce del sole dare
prova o fornire alibi

come se temessi
di essere infranta

o schiacciata dietro
la chiara verità

da me che non ti posso
neppure sfiorare

mask of the un-form
blind spot of the air

of what goes on
on the self-justifying earth

making a good show of it
or coming up with the alibi

as if afraid
to be a little bit broken

or flattened behind
the plain truth

by me who can't even
feather your skin

TESCHIO

chi sei tu dall'altra parte
passeggera di un'impronta

infatuazione del vetro
che si ferma se mi fermo

mi guardi se ti guardo muovi
la bocca se ti parlo

se alzo la mano destra
alzi la sinistra ti volti alla destra

se mi volto a sinistra e se penso
che potresti non essere lì senza me

muta protesti che non c'entri con me
che io sono l'ombra e non te

che tu sei ben altro e non me
maschera che sta per cadere

e mostrare un teschio
nella tua pupilla?

SKULL

who are you
from the other side

traveler in that sudden
infatuation with the mirror

who stops if i stop
you look at me if i look at you move

your mouth if i speak
if i raise the right hand

you raise the left you turn to the right
if i turn to the left

and if i think that you can't be there without me
the silent treatment: you have naught to do with me

that i'm shadow, not you
that you are the one who's really something, not me

mask about to slip off
and reveal a skull

in your pupil?

L'IMMAGINE

sempre ritorna l'immagine
rabbrividisce alla foglia

che su lei riposa per un'unghia
di vento che la sfiora si torce sull'asfalto

va in mille schegge
se un'automobile le passa sopra...

non scompare
l'immagine riaffiora

da un fondo inesauribile
con la quiete della superficie

si ricompone restituisce case nubi uomini
alla piuma della luce ancora esaudisce

la vanità delle cose concrete
l'inquietudine delle forme profonde

basta un grido il guizzo di una rondine
un filo strappato si disfa sempre l'immagine

va in malora scende tra le tenebre
ombra tra le ombre piombo mercurio lavagna

un soffio che viene alla notte
eco di un boato sordo minerale

THE IMAGE

the same image keeps coming back
a quivering leaf

the arc-second the wind skims it
its twirl onto pavement

its flaking into a thousand thirsty crumbles
once a car rolls over it

this the image that persists
this the image that keeps re-surfacing

from the depths
in this surface stillness

cloud houses reconstructed restored feather
spent men lit up again

the vanity of things concrete
the restlessness of inmost forms

and all it takes is one screech, is the swoop of one swallow
a snapped thread always unmakes the image

down the rabbit hole we go again dear one plunge
into darkness shadows within shadows lead mercury slate

an exhalation in the night
echo of a deaf mineral roar

impigliato ai rami
ai chiodi dei muri

filo di ferro voce di neon
macchia iridescente d'olio

le unghie le ciglia i capelli
la carne di carta dei sogni...

ma questo andare a rotoli
non si potrebbe fermarlo

sale con la luce del giorno
non ascolta le parole nostre

in altre parole
diventa un altro giorno

snagged in branches
by nails in the walls

wire of iron neon voices
slick oil spot

fingernails eyelashes hair
the paper-flesh of dreams

this downward spiral
couldn't reverse itself on its own two feet in tap shoes

it takes daylight to stop and tip it upward reverse its course
it does not listen to a word we say

in other words
it becomes another day

CENERE (TERRA)

dopo la paura
di tutto e di tutti

dopo la fuga e la cattura
dopo la sconfitta (velluto

di polvere e sangue) dopo la spada
spezzata dopo gli inchini

per salvarsi i solchi bianchi a polsi
e caviglie scavati da catene…

ho imparato a decifrare
l'alfabeto delle tenebre

le spaccature del terreno
le crepe ai muri l'orlo

appuntito di un vetro rotto
il fumo delle rughe intorno agli occhi

il bordo seghettato della fiamma
la sua anima bianca gelida immobile

l'onda che si ritira
e lascia la rovina sulla rena

l'enorme radice nuda
grondante

ASH (EARTH)

after the fear
of everything and everybody

after flight and capture
after the defeat (velvety

with dust and blood) after the broken
sword after the bowing down

to save oneself the white trenches at the wrists
and ankles excavated by chains. . .

i learned to decipher
the alphabet of the murk

the clefts of the ground
the cracks at the walls' perimeters

the jagged peaks of a broken window
and the haze of crinkles around the eyes

the flame's serrated edge
its white frozen fixed soul

the wave that recedes
and leaves a wreck in its wake

the enormous exposed root
dripping

e ascoltando la vocazione del vento
nella geometria dei pozzi e dei camini

e misurando la mia prospettiva
con il compasso di foglie morte

che ruota nel cortile
ho imparato a scrivere cenere

con la cenere rimasta
sulla punta delle dita

and listening to the workings of the wind
the geometry of the ponds and the footpaths

and sizing up my prospect
with the compass of dead leaves

that are swirling in the courtyard
i learned to write in ashes

with the left-over
ashes right at your fingertips

LA TRASMISSIONE DELLA POLVERE (ARIA)

siamo gli effetti delle vostre azioni
mani nei capelli pugni sul tavolo

unghie che scavano in terra
panni sbattuti urti nella notte...

siamo la proliferazione del suolo
dell'acqua del fuoco del vento

le reliquie degli attriti macerie di forme
fastigi d'erosione siamo l'eversione

dello spazio la sua creazione
e la sua dissipazione il guasto delle norme

i trucchi di nessuno fuscelli che contendono
giganti in battaglia cammelli che passano

per la cruna dell'ago siamo trappole vaganti
stendardi del niente rottami

di un'avariata scrittura quello che avanza
uno strascico famelico insaziabile

THE TRANSMISSION OF DUST (AIR)

we are the effects of your actions
hands through the hair fists pounding table

fingernails scraping the dirt
the laundry flapping snapping in the night. . .

we are the proliferations of the soil
of water of flame of wind

of relics of frictions heaps of forms
peaks of erosion we are what subverts

space its creation
and its dissipation the blasting-apart of the norm

the tricks of light-as-a-feather giants clashing
in battle over camels

that pass through the eye of the needle we're roving
traps we're standards of the big nothing wreckages

of a stale tale the one that keeps leaving behind
a famished insatiable plot line

che tutto separa e riunifica in tutto
devolve a favore del nulla

la polvere che riscuote
e in sé ogni cosa risolve

siamo i corpuscoli che roteano
in un raggio di sole

that separates everything and reunifies into everything
devolves in deference to nothing

dust which agitates
and in and of itself settles everything

we are the corpuscles that revolve
in a sun ray

IL CANTO DELLE SIRENE (ACQUA)

siamo le unghie che scavano caverne
siamo le mani che sollevano montagne

siamo le braccia che trasportano pianure
siamo piedi che schiacciano vulcani

l'oro dei nostri capelli il corallo delle nostre labbra
l'avorio delle nostre gambe il cristallo dei nostri fianchi

è solo il rumore del mare il rumore del mare
le gole che senti ululare sono solo una voce d'acqua

e di pietre non cercare di capire dove andiamo da dove
l'alito della burrasca o l'estasi della bonaccia

ci separano sulle nubi o ci mescolano negli abissi
molte sono le bocche una soltanto è la voce

se è l'occhio del ciclone a guardarci o noi che ci guardiamo
in lui
come tu scenderai in noi se saliremo e salirai se scenderemo
in te

come tu sei già ciò che diventi in noi se non guardi ciò che
sei in te
se non cerchi di capire se siamo noi che non siamo a sentire
in te o te

che senti in noi queste parole nate dal nostro andare venire
venire andare queste parole nate vuote da un'ondulazione

SIREN'S SONG (WATER)

we're fingernails scratching out caves
we're hands uplifting mountains

we're arms transporting away plains
we're feet smothering volcanoes

the gold of our hair the coral of our lips
the ivory of our legs our crystal flanks

it is only the rumble of the sea the rumble of the sea
the throats feeling wailing just one water voice

and one of stone insisting on not understanding where we are
going from where the storm's breath or the ecstasy of lull

in clouds we get separated, in abysses we get blurred
numerous the receptive mouths, only one the voice

whether it's the eye of the hurricane staring us down or us
looking at ourselves in it
how will you go down in us if we're going up and will you go
up if we go down in you

what do you hear in us these words born of our coming going
coming going these words born void of a single wave

mentre noi le abbandoniamo alla sabbia le scriviamo e in te
le cancelliamo
sono le unghie che scavano caverne sono le mani che
sollevano montagne

sono le braccia che trasportano pianure sono piedi che
schiacciano vulcani
sillogismi di schiuma sulla rena refrain di atlantide e
nettuno vessilli dei secoli

nei secoli apparsi e in uno sbadiglio del vento spariti se tu
sei noi alimede
glauconome noi siamo te robinson crusoe gulliver
odisseo nessuno

quindici uomini quindici uomini sulla cassa del morto
quindici uomini quindici uomini sulla cassa del morto

non ascoltare queste parole se navi e balene ti sfiorano
e non senti e non sai fai parte di noi anche tu ormai sei

un'onda del mare
un'onda del mare

while we abandon them to the sand we write to them and
through you we cancel them out
we are nails that scratch out caves we are hands
uplifting mountains

we are arms transporting away plains we are feet
smothering volcanoes
syllogisms of froth on the sand refrain of atlantis and
neptune vexilla of centuries

in centuries appearing and in a wind's yawn disappearing
if you are we alimede
glaukonome we are you robinson crusoe gulliver odysseus
no body

fifteen men fifteen men on a dead man's plank
fifteen men fifteen men on a dead man's plank

don't listen to these words if ships and whales brush
against you
and don't listen and don't know how to take part of us even
you even you are

a sea wave
a sea wave

VAMPE (FUOCO)

non toccate! guardate se volete vedere
mappe erose di assalti e ritirate

strategie di grattacieli e sepolcreti
crateri da cui escono foglie e bocche

rotoli di libertà e filo spinato
ascoltate se volete ascoltare

promesse di grano e voli di colombi
in fischi di pallottole scoppi di granate

ma non toccate i girotondi di fuliggine
le orchestrine di vapore che a passo di tramonti

deportati infilzano ceppi alle caviglie
ai polsi tizzoni assaporate se volete assaporare

aromi di clorofille e profumo di miele
nel fumo delle nostre ulcerazioni

nei nodi scorsoi della nostra fibra annusate
se volete annusare pupille di resina ciglia di corteccia

ma non ci toccate se noi soffiamo uh uh uh
dalla nostra schiena uncinata di streghe

il vecchio enigma il patto acceso col buio
ai tuoi occhi di medusa o vuoto

FLAMES (FIRE)

do not touch! go ahead and look if you want
to see maps erodings away of assaults and retreats

strategies of skyscrapers and burial grounds
craters from which emerge leaves and mouths

stuffed with wadded up liberty and bristly threads
listen up if you want to listen

to promises of grain and flights of white doves
quick whistle birdshot targets grenades

but do not touch that ring-around-the rosie made by soot
this orchestrating of fumes which at sunset's

deported approach they hook link shackles at the ankles
at the wrists brands birdshot if you want to relish it

aromas of chlorophyll, the perfume of honey
in the fumes of our lesions

in the slipping nodules our sniffing fibers if you will
the scenting out pupils of the resin eyelashes of the cortex

but don't touch us if we blow whoo whoo whoo
from out from under our crooked witch's back

the old enigma the pact ignited with the darkness
of your medusa eyes or void

non toccate se noi dettiamo ai canuti
organigrammi della cenere

i crimini che noi trasciniamo con
panni straziati e scarpe di carbone

le nostre braccia irose vengono a soffici talloni
le nostre rosse chiome fanno da lingue di babele

(mentre sul muro di fronte nascono
morbide danze d'alghe morte)

per ghiacci e deserti per rovi e ortiche con questo nostro
invalido sanguinante stare a bruciare di legno non toccateci!

don't touch if we impose on the white-hairs
flow charts of ashes

the crimes we commit with intentionally stressed
shredded garments and shoes of coal

our eroding arms become-by-puffs claws
our red tresses make licks of babels

(while on the facing wall are hidden
ghoul dances of dead algae)

for ice and deserts for brambles and nettles with this our
bleeding invalid standing there burning up in wood
do not touch us!

PROLE

entrano sbuffando nella stanza
(non bussano alla porta

affiorano ai muri
cadono dal soffitto)

si arrampicano sugli specchi
formano aloni

spiano nei buchi della serratura
seminano zizzania nascondono scheletri

nell'armadio nel porgere l'altra
guancia mettono le mani avanti

si offrono in palmo di mani
e ti saltano alla gola

dicono pane al pane
e menano il cane per l'aia

danno l'assalto al cielo
e cadono col culo per terra

davanti ai buoi mettono carri
bendano la fronte prima della ferita

s'infilano nella cruna dell'ago
spaccano i capelli in quattro

PROGENY

They enter the room breathless
(they don't knock

They tumble out of the walls
they drop in from the ceiling)

they climb the mirrors
they get haloes

they spy through keyholes
they rummage, they stir up trouble among skeletons

in the closet, in turning the other
cheek they first put out a hand

they say straight talk
then they beat around the bush

they attack the sky
then on the ground they get knocked on their asses

in the face of the dark they circle the wagons
they bandage the forehead before they are wounded

they pass through the eye of the needle
splitting hairs

annodano strappano
traboccano straripano scippano

sputano
si grattano

fanno le boccacce
si mostrano per quello che sono

parole
nient'altro che parole

they make knots they snatch they spillover
they burst out at the seams they grab

they spit
they scrape

they scowl
they show themselves for what they are

words
nothing but words

BIOGRAPHICAL NOTES

RINALDO CADDEO, born in Milan in 1952 where he resides and teaches in a technical institute, has published four collections of poetry *(Le fionde del gioco e del vuoto, Narciso, Calendario di sabbia, Dialogo con l'ombra)*, one collection of short-short stories *(La lingua del camaleonte)*, and one of aphorisms *(Etimologia del caos)*. Piccola Biblioeca di Odissea has published his short story *Apocalisse 2009*.

Siren's Song: Selected Poetry and Prose 1989-2009 is from *La lingua del camaleonte* (Manni Editore, 2002), *Narciso* (Forum/Quinta Generazione, 1989), *Calendario di sabbia* (NCE, 1997), and *I mostri* (new unpublished poetry).

His prizes for poetry are "Romagna" for *Narciso*, 1989, and in 1998 "Delta Poesia" for *Calendario di sabbia*.

He is author of critical essays, book reviews, short stories, aphorisms, translations and poetry published in numerous literary magazines. He is an associate editor of the biannual *La mosca di Milano*.

BIOGRAPHICAL NOTES

ADRIA BERNARDI is the author two novels, *Openwork* and *The Day Laid on the Altar;* a collection of short stories, *In the Gathering Woods;* and an oral history, *Houses with Names: The Italian Immigrants of Highwood, Illinois.* She was awarded the 2007 Raiziss/de Palchi Fellowship by the American Academy of Poets to complete *Small Talk: Poetry of Raffaello Baldini.* She has translated *Adventures in Africa* by Gianni Celati and *Abandoned Places* by Tonino Guerra. She has taught at the Warren Wilson MFA Program for Writers and at Clark University in Worcester, Massachusetts.

SALVATORE CARBONE (cover illustration and inside drawings) was born in the province of Naples in 1952. He has been exhibiting his work since 1988. His drawings have appeared in many Italian newspapers, magazines, literary and art journals. He has also designed many book covers and illustrated books of poetry. Chelsea Editions is grateful for his drawings interpreting the poetry of Rinaldo Caddeo.